Educação de jovens e adultos
prática pedagógica e fortalecimento da cidadania

EDITORA AFILIADA

Dados Internacionais de Catalogação na Publicação (CIP)
(Câmara Brasileira do Livro, SP, Brasil)

Capucho, Vera
   Educação de jovens e adultos : prática pedagógica e fortalecimento da cidadania / Vera Capucho. — São Paulo : Cortez, 2012. — (Coleção educação em direitos humanos ; v. 3)

   ISBN 978-85-249-1988-6

   1. Cidadania 2. Educação de Jovens e Adultos 3. Educação em direitos humanos 4. Educação inclusiva 5. Prática de ensino 6. Professores — Formação I. Título. II. Série.

12-11945   CDD-370.115

Índices para catálogo sistemático:

1. Educação de jovens e adultos : Educação em direitos
       humanos   370.115

Vera Capucho

Educação de jovens e adultos
prática pedagógica e fortalecimento da cidadania

1ª edição

2012

EDUCAÇÃO DE JOVENS E ADULTOS: prática pedagógica e fortalecimento da cidadania
Vera Capucho

Capa: Ramos Estúdio
Preparação de texto: Jaci Dantas
Revisão: Maria de Lourdes de Almeida
Composição: Linea Editora Ltda.
Coordenação editorial: Danilo A. Q. Morales

Nenhuma parte desta obra pode ser reproduzida ou duplicada sem autorização expressa da autora e do editor.

© 2012 by Autora

Direitos para esta edição
CORTEZ EDITORA
Rua Monte Alegre, 1.074 — Perdizes
05014-001 — São Paulo — SP
Tel.: (11) 3864-0111   Fax: (11) 3864-4290
e-mail: cortez@cortezeditora.com.br
www.cortezeditora.com.br

Impresso no Brasil — outubro de 2012

Dedico a obra a pessoas fundamentais nessa jornada:
Genilson trabalha com ideias, pessoas, luta e paixão.
Antônia trabalha com linhas, tesouras, luta e paixão.
Aida trabalha com direitos, docência, luta e paixão.
Gratidão pela ternura, apoio e confiança.

*"Quando eu pego no papel,
eu sinto como se estivesse
pegando nas ideias que estão aqui."*

Dira Paes
Presidente do Movimento Humanos Direitos

SUMÁRIO

Apresentação da coleção 11

Introdução 15

1ª Parte Diálogos com a Educação em Direitos Humanos

1. Jovens, adultos(as) e idosos(as) como sujeitos de direitos e atores de cidadania 21
2. Educação de Jovens e Adultos em Direitos Humanos 39
3. Diretrizes Nacionais para a Educação em Direitos Humanos e Educação de Jovens e Adultos 51

2ª Parte Formação e prática pedagógica

1. Professores(as) improvisados(as), estudantes desprovidos(as) 63
2. Formação para uma prática docente inclusiva............... 71
3. A Integração Curricular como prática em Educação em Direitos Humanos... 80

3ª Parte — Igualdade nas diferenças e diferenças na diversidade

1. Contextos múltiplos, práticas compromissadas 95
2. Educação em Direitos Humanos e recursos didáticos: vivências em Educação de Jovens e Adultos 102
3. Prática inclusiva em Educação de Jovens e Adultos 114

Considerações finais 129

Estação do(a) Professor(a) 133

Cinedica 135
Webdica 139

Referências 143

APRESENTAÇÃO DA COLEÇÃO

A Coleção *Educação em Direitos Humanos* tem como objetivos estimular a reflexão e apreensão de conhecimentos teórico-metodológicos sobre os Direitos Humanos; contribuir para a integração de temáticas emergentes nos planos institucionais, projetos, programas, planos de curso e na prática pedagógica dos(as) profissionais das diferentes áreas do conhecimento, níveis e modalidades de ensino, com vista a promover a cultura dos direitos humanos e a formação da cidadania ativa. Essa cidadania é entendida como a concretização dos direitos assegurados, o exercício para a garantia de novos direitos, reivindicação e reclamação de direitos violados.

Nessa perspectiva, a Coleção vem atender a uma área de conhecimento ainda inicial, no Brasil e na América Latina, de forma a subsidiar a elaboração de políticas públicas, produção de materiais didáticos e a formação de estudantes e profissionais das diversas áreas de conhecimento, e de educadores(as) sociais.

No Brasil, historicamente, a Educação em Direitos Humanos (EDH) é uma prática recente, até porque os percursos de construção da sociedade brasileira foram permeados por longos períodos de escravidão, e de regimes políticos alternados por ditaduras, com destaque para as décadas de 1960, 1970 e início dos anos

1980. Nessas décadas, o Brasil vivenciou um dos períodos mais cruéis da sua história, com a instalação do Governo da Ditadura em 1964, produzindo culturas e práticas antidemocráticas, de desrespeito e violações dos direitos, comportamentos preconceituosos, discriminatórios, torturas, assassinatos e desaparecimentos das pessoas na justificativa da defesa do regime ditatorial.

Além desses aspectos, temos uma sociedade com cultura de violências relacionadas, principalmente, a questões de: gênero, raça, etnia, geracional, nível socioeconômico, opção religiosa e política, diversidade sexual e pessoas com deficiência. São comportamentos que permeiam as nossas subjetividades, isto é, as nossas formas de ser, pensar, agir, e muitas vezes são apreendidos sem que tenhamos a consciência dos seus significados e das suas implicações.

No entanto, compreendemos como Nelson Mandela (1994) que: "[...] ninguém nasce odiando outra pessoa pela cor da sua pele, por sua origem ou ainda por sua religião. Para odiar, as pessoas precisam aprender; e, se podem aprender a odiar, podem ser ensinadas a amar". É esse o grande papel e desafio da educação orientada para defesa dos direitos humanos: **Promover uma Educação com respeito integral aos direitos de todas as pessoas e uma formação cidadã, em que elas possam ser agentes e atores do projeto de uma sociedade livre, igualitária, solidária e socialmente justa — uma sociedade, de fato, democrática, fundamentada nos pilares da igualdade de direitos e na liberdade.**

Uma das tarefas da educação nessa perspectiva é fortalecer o Estado Democrático de Direito, de acordo com a Constituição brasileira (1988), e, ao mesmo tempo, dar suporte à implantação das diversas leis, pareceres e resoluções que foram elaborados com a participação da sociedade civil organizada, nos últimos

Educação de jovens e adultos

anos, que têm um direcionamento para a concretização dos direitos.

Para isso é necessário que as pessoas conheçam os direitos individuais e coletivos, os deveres e, principalmente, se reconheçam como sujeitos de direitos, atuantes na sociedade. É fundamental a formulação de políticas públicas nos sistemas de ensino em que a Educação em Direitos Humanos seja compreendida como eixo norteador e transversal dos Projetos Pedagógicos Institucionais, e se materializem no currículo escolar. O currículo, além dos componentes curriculares definidos oficialmente, deve abranger temáticas que atendam à diversidade que a sociedade exige, nas diferentes especificidades da educação: ambiental, sexual, quilombola, indígena, afro-brasileira, do campo, religiosa, musical, geracional, para pessoas com deficiência, tecnológica e midiática, entre outras.

Assim, esta Coleção visa atender a essas demandas da sociedade, abordando temáticas específicas de Direitos Humanos que se complementam e se intercruzam com a educação. Os títulos de autoria de especialistas com formação acadêmica e militância política nos ajudam a compreender e trabalhar os conhecimentos teórico-metodológicos da área de Direitos Humanos nas instituições educativas.

Nessa perspectiva, esperamos que a Coleção *Educação em Direitos Humanos* contribua para a definição, a elaboração de políticas públicas e a concretização de práticas pedagógicas com foco na formação de uma cultura de respeito integral aos direitos humanos, na cidadania ativa e no fortalecimento da democracia.

Aida Monteiro

Coordenadora da Coleção

INTRODUÇÃO

Este livro, parte da Coleção Educação em Direitos Humanos, como tantos outros, tem uma história coletiva. É fruto da união de esforços, daqueles que aqui se fazem presentes enquanto ideias, estudos e ensinamentos, mas, também daqueles que de alguma maneira atuaram durante a sua estruturação. Porém, este livro é feito principalmente por professores(as) que lutaram e daqueles(as) que lutam cotidianamente pela educação de qualidade social em nosso país.

Dessa forma, é um livro destinado a professores(as) atuantes na educação formal e não formal, educadores(as) sociais, estudantes de pedagogia, licenciaturas e demais áreas de conhecimento.

A temática central, prática pedagógica e fortalecimento da cidadania, é trabalhada de maneira a trazer para os espaços/tempos dedicados à Educação de Jovens e Adultos as discussões do campo da Educação em Direitos Humanos — EDH, área que vem se afirmando no Brasil, a partir da ação cotidiana de professores(as), educadores(as) sociais, militantes e pesquisadores(as), algumas revertidas em políticas públicas, outras em bandeiras de lutas pelo acesso à educação e, ainda, outras em utopias.

Tendo como interesse discutir a Educação de Jovens e Adultos em suas relações e possibilidades com a EDH, procurou-se oportunizar o diálogo entre essas duas áreas que, apesar das similitudes, guardam suas especificidades e desafios.

Ao longo do texto, os(as) professores(as) encontrarão subsídios para Educação em Direitos Humanos, compreendendo que a prática compromissada com uma sociedade mais justa não se faz desassociada da teoria. Assim, organizamos o conteúdo em quatro partes, as quais não devem ser compreendidas de maneira isolada, pois não há separação entre teoria e prática, assim como não há entre sujeito e objeto: **I — Diálogos com a Educação em Direitos Humanos; II — Formação e prática pedagógica; III — Igualdade nas diferenças e diferenças na diversidade; IV — Estação do(a) professor(a).**

Na primeira parte, o(a) leitor(a) encontrará subsídios para compreender a EDH em sua complexidade e marcos legais, tanto como processo sistemático e multidimensional que orienta a formação do sujeito de direito, como também discussões que favoreçam o pensar sobre o papel social da EDH e sua relação com a Educação de Jovens e Adultos e suas complexas exigências. Serão abordadas questões referentes à educação para a cidadania, o Plano Nacional de Educação em Direitos Humanos (2006) e suas relações com a educação formal e não formal, a institucionalização das Diretrizes Nacionais para a Educação em Direitos Humanos (2012) e suas interfaces com a EJA.

A segunda parte problematiza questões centrais para a construção da identidade da EJA, conjugando formação de professores(as), prática inclusiva e discussões curriculares, uma vez que o binômio seleção/organização do conhecimento possibilita a integração de temáticas emergentes no campo da educação serem socializadas em consonância com os princípios de diretrizes da EDH.

Educação de jovens e adultos

Uma terceira parte está reservada a reflexões favorecedoras de uma prática educativa compromissada com a construção de uma sociedade justa, equitativa e democrática. Será realizada a análise dos contextos em que se efetiva a prática da EJA, favorecendo um olhar sobre a potencialidade e viabilidade do desenvolvimento da EDH, bem como o desafio de compreender a educação como direito de todos(as) e a educação inclusiva como exigência da contemporaneidade e oportunidade a ser assumida e concretizada.

Na quarta e última parte o(a) leitor(a) encontrará a Estação do Professor(a), na qual serão disponibilizadas algumas sugestões de filmes, sites, documentários, ou seja, muito daquilo que é comum encontrar na "sala dos(as) professores(as)" ou nas conversas tecidas com os(as) companheiros(as) de trabalho.

Boa parte do conteúdo disponibilizado nesta última sessão advém de pesquisas, mas não poderíamos deixar de reconhecer que uma significativa parte deste livro é fruto da troca estabelecida nos últimos anos com educadores(as) sociais, professores(as) formadores(as), coordenadores(as) e técnicos(as) educacionais com os(as) quais compartilhamos o fazer cotidiano da Alfabetização e Educação de Jovens e Adultos em Direitos Humanos.

Por fim, estendemos nosso agradecimento e reconhecimento aos(as) professores(as) que se debruçarem sobre as páginas deste livro, pois sabemos que o esforço do estudo é parte do caminho para a ruptura com práticas alienadas e descompromissadas, bem como para a concretização de uma educação de qualidade social.

1ª PARTE

Diálogos com a educação em
DIREITOS HUMANOS

DIÁLOGOS COM A EDUCAÇÃO EM DIREITOS HUMANOS

> O grande infortúnio dos sem-direito não é o de serem privados da vida, da liberdade e da busca da felicidade, ou ainda da igualdade perante a lei e da liberdade de opinião, mas o de terem deixado de pertencer a uma comunidade; seu grave defeito não é o de serem iguais perante a lei, é que para eles não existe lei nenhuma.
>
> HANNAH ARENDT

1. JOVENS, ADULTOS(AS) E IDOSOS(AS) COMO SUJEITOS DE DIREITOS E ATORES DE CIDADANIA

O papel da educação como espaço privilegiado para a construção de sujeitos de direitos, e também para a formação de uma cultura de direitos humanos traz à tona a necessidade de pensar o(a) cidadão(ã) em suas relações com o direito à educação e a efetiva participação nas estruturas político-econômico-social e cultural da sociedade.

O direito à educação é conquista histórica, constituindo fundamento para o exercício da cidadania, uma vez que essa foi tomada como condição necessária para laicizar o saber, a moral e a política, separando nitidamente fé e razão, natureza e religião, política e igreja.

No Brasil pós-ditadura, esse direito alçou legalidade com a Constituição de 1988,[1] a qual assumiu o ensino básico obrigatório e gratuito como direito público subjetivo, estendido para todos(as), inclusive aos que a ele não tiveram acesso na idade própria.

Nessa direção, a luta histórica pela igualdade do direito à Educação e o enfrentamento às múltiplas formas de exclusão social resultaram na garantia da Educação de Jovens e Adultos como modalidade da Educação Básica, sob a responsabilidade dos sistemas públicos de ensino, os quais passaram a responder pela disponibilidade, acessibilidade, aceitabilidade, adaptabilidade, permanência e elevação da escolaridade de jovens e adultos(as), mediante ações integradas e complementares entre os diferentes entes federados.

A Constituição Brasileira (BRASIL, 1988), no art. 211, estabelece que os sistemas de ensino devam ser organizados em regime de colaboração, sendo da responsabilidade da União a organização do sistema federal de ensino, a assistência técnica e financeira para que os Estados, Distrito Federal e Municípios possam garantir a equalização de oportunidades educacionais e padrão mínimo de qualidade do ensino. Aos Estados compete a atuação prioritariamente no Ensino Fundamental anos finais e Médio e aos municípios na Educação Infantil e Ensino Fundamental anos iniciais.

Pelo exposto, é evidenciado que o sistema de educação deva ser organizado de maneira articulada com vistas a assegurar a

---

1. Enquanto proposta, a educação pública, gratuita e universal, obrigatória, leiga e assegurada como direito a todos os cidadãos já era reivindicação desde a década de 30, presentes no Manifesto dos Pioneiros da Educação Nacional, 1932.

manutenção e desenvolvimento do ensino em seus diversos níveis, etapas e modalidades, por meio de ações integradas dos poderes públicos das diferentes esferas federativas.

Porém, o viés neoliberal que imperou nas políticas públicas nos anos 1990 circunscreveu a responsabilidade da Educação Básica aos Estados e Municípios, com o pretexto de tornar prioridade o atendimento de crianças e jovens na idade regular de escolarização. Concentraram-se esforços e recursos nessa direção, fragilizando ou tornando invisível a demanda de direitos de outros grupos sociais.

Sendo a educação um direito o qual tem como referência a Declaração Universal dos Direitos Humanos (ONU, 1948), e a Constituição Brasileira de 1988, não deveríamos falar de prioridade, a não ser para casos em que se façam necessárias políticas afirmativas. Isso quer dizer, situações as quais para igualização dos desiguais se faça necessário tratamento desigual, o que sem dúvida é o caso da Educação de Jovens e Adultos, a qual demanda um tratamento diverso ao atribuído à educação dita regular, em virtude da dívida histórica para com a educação do(a) estudante-trabalhador(a).

Jovens, adultos(as), idosos(as) precisam ser reconhecidos(as) como sujeitos de direito, pois, em virtude das situações de desigualdade presentes na sociedade brasileira, e ausência do Estado na garantia dos direitos, lhes foi negado o direito à educação no passado, e lhes é dificultado no presente. O que valida a reivindicação de caráter afirmativo às políticas destinadas a essa população, com vistas a universalizar a educação em nosso país, ou seja, as políticas públicas precisam focar medidas especiais e emergenciais com o objetivo de eliminar desigualdades historicamente acumuladas.

Porém, o observado é o inverso. No momento em que a Educação de Jovens e Adultos se firmou como responsabilidade do Estado, a lógica neoliberal lhe infligiu papel secundário. Em muitos casos, imperou o desestímulo para investimentos, resultando na negação do direito assegurado na forma da Lei.

Os avanços legais, estabelecidos na Constituição Brasileira (BRASIL, 1988), na Lei de Diretrizes e Bases da Educação Nacional (LDB) (BRASIL, MEC, 1996), no Parecer n. 011/2000, na Resolução n. 01/2000 e na Lei do Fundo de Desenvolvimento da Educação Básica (Fundeb) (BRASIL, FUNDEB, 2007) não foram suficientes para que a EJA galgasse radicação no sistema. Embora esses documentos reconheçam a Educação de Jovens e Adultos como modalidade da Educação Básica, afirmem diretrizes curriculares e garantam financiamento público.

Corroborando com a fragilização da modalidade ao imputá-la à instância de responsabilidade municipal, com carências de todas as ordens, fragmentou as experiências e lutas nesse campo, perpetuando a dualidade da sociedade brasileira, a qual segundo Haddad e Di Pierro (2000), desde o Império reservou ao governo central a educação das elites, e aos Estados e Municípios a instrução popular.

Historicamente, o Estado brasileiro capitalista se consolidou como periferia, negando direitos sociais básicos como saúde, educação e seguridade social. A trajetória do direito à educação expressa nas Constituições brasileiras — desde a Constituição Imperial de 1824 até a Constituição de 1988 — mostra que, ao longo de mais de um século e meio, o direito à educação vinha sendo oficialmente negado aos(às) jovens e adultos(as) que não tiveram acesso à escola na idade tida como apropriada.

Portanto, partimos do pressuposto de que o lugar ocupado por essa modalidade na educação brasileira é fruto da construção de um país de capitalismo periférico na divisão mundial do trabalho.

Educação de jovens e adultos

Assim sendo, a Educação de Jovens e Adultos inscreve-se em um cenário no qual são camufladas as razões estruturais dos diferentes processos de distribuição desigual de bens e consequente destituição dos direitos da classe trabalhadora, e apesar das novas configurações,

> [...] não foge às clássicas estratégias de distribuição desigual e precária de fragmentos de conhecimento, subordinadas às demandas de distintos níveis de qualificação da força de trabalho requeridos pelos diferentes padrões produtivos que coexistem no país, bem como às necessidades de controle social. (HUMMERT, 2008, p. 176)

Dessa forma, embora marcos internacionais apontem ter a EJA interface com questões capazes de melhorar a qualidade de vida mundial, estando relacionada a questões como interculturalidade, empregabilidade e sobrevivência, economia solidária, sustentabilidade socioambiental, democracia econômica e cultura da paz, a sociedade brasileira não apresentou os avanços necessários para romper com a lógica da negação dos direitos educativos a jovens e adultos(as).

Passados mais de vinte anos do reconhecimento, pelo Estado brasileiro, da Educação como um direito de todos(as), em diferentes etapas da vida, ainda são precárias as condições de oferta e muito frágeis as políticas de acesso, permanência e elevação da escolaridade, situação ainda mais acentuada junto aos grupos socialmente vulnerabilizados, como as populações tradicionais, idosos(as), analfabetos(as), entre outros.

Tal situação revela serem os direitos sociais declarados formalmente no plano das leis demandantes de justiça distributiva, por meio das quais critérios de igualdade material devem ser aplicados para assegurar sua concretização, pois não adianta alardear a universalização da educação se não há políticas que a garantam a todos(as), com qualidade social e condições de permanência e continuidade.

A difícil conciliação entre o proclamado e o efetivado revela a impossibilidade de conciliação entre a igualdade formal defendida pela democracia liberal e a desigualdade real engendrada pela divisão de classe advinda do capitalismo, pois os direitos sociais, dentre eles o direito à educação, exige a redistribuição de bens, serviços e rendas na sociedade.

A igualdade formal a qual, ao longo do século XX, forjou o consenso na sociedade brasileira em torno do direito à educação para todos(as), o fez atrelado ao ideário da promoção do progresso material e moral da nação e no marco do respeito aos deveres e direitos para com a pátria e não pela defesa do acesso igualitário ao conhecimento.

A educação da população, almejada e propagada pelas elites brasileiras, foi colocada a serviço do fortalecimento do espírito de civismo e da harmonia social, portanto instrumento de regeneração, aperfeiçoamento e consenso social atrelada à (con)formação para a cidadania.

O conservadorismo da elite brasileira é tamanho que, mesmo com esta função, o acesso à educação foi negado aos(as) filhos(as) da classe trabalhadora durante longo período, por ser considerada uma ameaça à manutenção da ordem, uma vez que para esta a ordem é fruto da submissão, a qual só se assegura por meio da pobreza e da ignorância.

O capitalismo e sua ideologia, o liberalismo, mantiveram desde o início uma relação ambígua e conflituosa com a educação, e, portanto com a escola, a qual, de um lado, se afigura necessária, e, do outro, desperta temor.

Evidências desse conflito são apresentadas por Ferraro (2009), ao destacar que as políticas promovidas pelo Estado

Educação de jovens e adultos

brasileiro por cerca de 130 anos (1872 a 2000) não asseguraram sequer a universalização da alfabetização. E, ainda, resultaram, num crescimento vertiginoso do número absoluto de analfabetos(as), que chegou a elevar-se para 4,6 vezes o número de analfabetos(as) registrados(as) no Censo de 1872. Segundo esse autor, a instrução popular foi administrada em doses homeopáticas, resultando em uma queda da taxa de analfabetismo lenta, gradual e segura — para as elites (FERRARO, 2009, p. 95)

O direito à Educação, defendido no marco do liberalismo em dose homeopática, e por socialistas de maneira irrestrita, foi reconhecido no artigo 26 da Declaração Universal dos Direitos Humanos (ONU, 1948). Porém no Brasil, necessitou da ruptura com o autoritarismo advindo do regime militar, que perdurou de 1964 a 1985, e da luta da sociedade civil organizada para ser positivado pelo Estado.

Afirmado, tardiamente, pela Constituição de 1988, e regulamentado pela LDB (BRASIL, MEC, 1996), o direito à Educação pública para todos(as) possibilitou à Educação de Jovens e Adultos ser reconhecida como modalidade da educação básica, passando desde então a ser regida pela legislação vigente, tendo entre seus objetivos a formação para a cidadania e como desafio assegurar o desenvolvimento integral do ser humano.

Em um país no qual apenas 13,4 milhões (8,3%) de pessoas concluíram o ensino superior[2] e cerca de 12,9 milhões (8,6%) de cidadãos(ãs) com 15 anos ou mais se encontram em situação de analfabetismo absoluto[3], é ainda mais acentuada a visibilidade da negação do direito à educação quando o recorte se faz por região. A Pesquisa Nacional por Amostra de Domicílio — IBGE/PNAD/2011 apontou o elevado índice de analfabetismo nas re-

---

2. Dados do Censo 2010 — IBGE.
3. Dados do PNAD 2011 — IBGE.

giões Norte e Nordeste, sendo que esta última concentra 52,7% do total de analfabetos do país, ou seja, cerca de 6,8 milhões de pessoas. Tais dados possibilitam compreender que o indispensável para um segmento social não é para outro, sendo urgentes ações que objetivem não conformar a desigualdade.

Diante dos dados, constata-se que, apesar dos direitos educativos estarem proclamados na legislação nacional e constitucionalmente terem sido ampliados, os mecanismos de proteção da dignidade da pessoa humana, as violações dos direitos educativos são recorrentes na sociedade brasileira, demandando a formação de uma cultura de direitos a qual assegure o cumprimento da legislação vigente e favoreça a organização social em prol da conquista de novos direitos.

Sem dúvida, a educação ser reconhecida enquanto direito no marco da lei estendeu à obrigação do Estado assegurá-la aos sujeitos da EJA. A Educação, assim, é direito de cidadania, mas também é meio de acesso à cidadania, tanto por ser uma possibilidade para participação social, política, econômica, como é um dos pressupostos da educação brasileira, assinalado pela LDB (BRASIL, MEC, 1996) como fim último da Educação Básica.

> [...] a educação "tem por finalidade o pleno desenvolvimento do educando, seu preparo para o exercício da cidadania e sua qualificação para o trabalho" (art. 2º). Volta a insistir no tema em vários outros artigos e seus incisos, por exemplo, ao atribuir à educação básica a finalidade de "desenvolver o educando, assegurar-lhe a formação comum indispensável para o exercício da cidadania e fornecer-lhe meios para progredir no trabalho e em estudos posteriores" (art. 22). Ainda traça como objetivo do ensino fundamental "a formação básica do cidadão" (art. 32, *caput*). Também quando trata dos conteúdos curriculares para a educação básica, igualmente o texto faz menção à cidadania, estabelecendo que a "difusão de valores fundamentais ao interesse social, aos direitos e deveres dos cidadãos, de respeito ao bem comum e à ordem democrática" (art. 27, inc. I) (MACHADO, 1997)

Educação de jovens e adultos

Porém, apesar da função social da escola estar atrelada à formação para a cidadania, cabe indagar: **de qual cidadania se está falando? A cidadania consumidora ou a cidadania do voto?** Santos (2007) esclarece que nem uma nem outra são necessariamente exercidas pelo(a) cidadão(ã), uma vez que seus atores alimentam-se de parcialidades, contentam-se com respostas setoriais, alcançam satisfações limitadas e não debatem sobre os objetivos de suas ações, não conseguindo, desse modo, realizar plenamente suas potencialidades como sujeitos participantes ativos e dinâmicos de uma comunidade.

A concepção de formação para a cidadania esteve, no processo histórico, predominantemente ligada à tese liberal da imaturidade, despreparo das camadas populares para a convivência social, necessidade de contenção dos anseios populares e submissão das massas. Tal concepção aponta a necessidade de preparação prévia para o exercício da cidadania, de onde pode se derivar que a cidadania se constitui em um saber fazer, passível e necessário de ser ensinado/aprendido, com vistas, em última análise, a formar e conformar para a ordem estabelecida.

Arroyo (2007), refletindo sobre a relação entre educação, cidadania e participação, salienta que a ênfase na educação dos súditos como condição para o bom funcionamento do convívio social não é nova, nem é peculiaridade de nossos(as) educadores(as) e governantes, estando presente desde o século XVI no ideário iluminista.

Confirmando o alinhamento das elites brasileiras com o pensamento europeu do século XIX, a Educação de Adultos, em especial, foi analisada por Di Pierro e Galvão (2007), revelando o caráter "civilizador":

> A Constituição do Império, algumas leis e o Código Criminoso serviam de base para o ensino da leitura e da escrita. Perceber-se que o ensino

> para adultos tinha como uma de suas finalidades a "civilização" das camadas populares, consideradas, principalmente as urbanas, como perigosas e degeneradas. Através da educação, considerada a luz que levaria o progresso às almas, poderiam se inserir ordeiramente na sociedade. (GALVÃO e DI PIERRO, 2007, p. 35)

Se por um lado a con(formação) para a cidadania não é nova, no Brasil, a luta pela conquista da cidadania é recente, tendo acumulado força ao longo do século XX com as lutas operárias e dos movimentos do campo, constituindo-se em bandeira de forças progressistas.

Mas como visto, a cidadania, ao se propagar como civismo e respeito à ordem, também se configura como baluarte de forças conservadoras. Por isso não se pode falar de um projeto único de cidadania ou comprometer-se com uma formação para a cidadania, sem compreender seus fundamentos, princípios e finalidades.

Há necessidade de historicizar o conceito para poder ser averiguado em suas concepções, pois como afirmado o direito à cidadania configura-se enquanto bandeira de luta de grupos sociais com interesses e projetos antagônicos.

No cenário das contraditórias relações sociais engendradas pelo capitalismo, é possível verificar que as forças conservadoras dão destaque à importância da cidadania na busca de fazer crer que esta é conquista derivada da democracia representativa, ou seja, reduzem-na aos direitos políticos, cabendo, portanto, ao Estado democrático representativo o aperfeiçoamento do já instituído.

Nesse entendimento, a cidadania é sinônimo de autonomia individual, considerando o indivíduo sujeito autônomo, ou seja, cidadão(ã) cada vez menos dependente do Estado e se efetiva no regime democrático liberal, compreendido enquanto regime da lei e da ordem para a garantia das liberdades individuais.

Tonet (2005), ao discorrer sobre os aspectos positivos e os limites, para a liberdade humana, que marcam a cidadania, aponta a necessidade de sua superação em direção à efetiva emancipação humana. Isso revela, por um lado, a potencialidade da luta pela cidadania contribuir para atenuar a desigualdade social na sociedade capitalista, mas por outro sua incapacidade de promover a efetiva emancipação humana, uma vez que esta não se efetivará sem a ruptura com o poder determinante da propriedade privada e de todas as instituições que têm ligação com ela.

> O que, de fato, deve ser buscado é a emancipação humana. Esta, porém, é algo muito distinto da cidadania e da totalidade da emancipação política. A emancipação humana, ou seja, uma forma de sociabilidade na qual os homens sejam efetivamente livres supõe a erradicação do capital e de todas as suas categorias. Sem esta erradicação é impossível a constituição de uma autêntica comunidade humana. E esta erradicação não significa, de modo algum, o aperfeiçoamento da cidadania, mas, ao contrário, a sua mais completa superação. Como diz Marx, nas *Glosas Críticas*, há uma distância infinita entre o cidadão e o homem, assim como entre a vida política e a vida humana. (TONET, 2005, s/p.).

Em concordância com o pensamento de Marx (1998), os direitos dos seres humanos não serão assegurados em sua totalidade sem a ruptura com a alienação socioeconômica e a parcialidade não serve à emancipação humana; ela demanda totalidade e coletividade que só será possível em outra sociedade, na qual a dignidade humana e a igualdade política, social e econômica sejam asseguradas a todos(as).

Compreendendo que no processo de trabalho, "a atividade do homem opera uma transformação subordinada a um determinado fim, no objeto sobre que atua por meio do instrumental de trabalho." (MARX, 1998, p. 214) A atividade humana direcionada à educação pode, potencialmente, ser destinada a evidenciar contradições que não serão findadas no capitalismo, mas que, por não aceitar ser submissa aos interesses do capital, e, portanto, não se configurar enquanto processo de trabalho que ocorre entre coisas que pertencem ao capitalista, terá o potencial para engendrar contradições.

Ao longo da história, a luta pela cidadania revelou-se a serviço da constituição do estado burguês, e vem se afirmando e se consolidando com a conquista de direitos, sejam políticos, econômicos ou sociais. Considerando os limites da cidadania burguesa apontados por Marx, por considerá-la mecanismo mantenedor da divisão de classes e da dominação dos grupos minoritários sobre a maioria da população, forças compromissadas com a emancipação popular firmaram, na luta pela cidadania popular e na negação da cidadania liberal, suas trincheiras.

Como aponta Chaui (1989), a cidadania compreendida enquanto ação política capaz de conscientizar, politizar e favorecer a inserção das massas excluídas, não se restringe a conquistas de direitos civis, políticos e sociais, sendo, portanto concreto a ser erigido historicamente por meio de lutas sociais.

Apesar da evidente contradição entre o projeto de Homem/sociedade implícita no bojo do projeto de cidadania liberal e do projeto de cidadania popular, é verificável no presente momento histórico tentativas de cristalizar e ultrageneralizar[4] os conceitos de cidadania e de educação para cidadania, ou seja, torná-los conceitos generalizados e desprovidos de história.

---

4. Agnes Heller (2004) considera a ultrageneralização um fenômeno da vida cotidiana, por meio do qual reagimos a situações singulares, respondemos a estímulos singulares e resolvemos problemas singulares. Configura-se como uma justificativa baseada na generalização de fatos singulares.

Educação de jovens e adultos

As referidas investidas se fazem por parte daqueles interessados em camuflar as contradições oriundas da desigualdade impingidas pelo capitalismo, travestindo-as em mera oposição de ideias, solucionáveis sem modificação estrutural da sociedade, tornando-as passíveis de consensos presos ao pensamento cotidiano, o qual se caracteriza como espontâneo, fragmentado e alienado, portanto mantenedor da ordem vigente (HELLER, 2004).

Essa intenção de produzir consensos por meio da construção de sentidos, apontada por alguns(as) autores(as) como manipulação de bandeiras populares, foi caracterizada por Marinho (2003) como apropriação indébita, mecanismo reordenador da consciência dos sujeitos, a qual opera por um processo de construção de sentidos, o qual,

> [...] não busca apenas o controle das condições materiais de produção sob as novas formas de organização do capital, mas também tentam configurar o estabelecimento de limites no âmbito do "pensável", e, por conseguinte, busca circunscrever o "contestável". (MARINHO, 2003, p. 135)

Ao tratarmos da Educação em Direitos Humanos, não devemos ficar circunscritos aos limites de uma educação para a cidadania mutilada (SANTOS, 2000),[5] mas avançarmos na direção de uma "educação que possibilita o reconhecimento e a defesa intransigente dos direitos fundamentais para todo ser humano na defesa e fortalecimento da democracia" (SILVA, 2010, p. 43), o que implica a formação para a emancipação humana.

---

5. Termo cunhado por Milton Santos na análise da cidadania da população afro-descendente no Brasil, a qual afirma ser caso emblemático devido às convicções escravocratas arraigadas e estereótipos presentes na sociedade brasileira.

Porém, compreendendo os limites da democracia[6] e a possibilidade de um governo da maioria ser colocado a serviço de uma minoria dominante, se faz necessário explicitar que, ao defendermos a relevância de práticas de EDH em EJA, o devamos fazer compromissados com a soberania popular.

Vale destacar, portanto, que as Diretrizes Nacionais para a Educação em Direitos Humanos (BRASIL, MEC/CNE, 2012) e, portanto para a EJA, é uma possibilidade de educar para as igualdades de direitos, a justiça social, a transparência no poder, o respeito à diversidade e a tolerância, a soberania popular, portanto para a democracia. O que não significa dizer para a obediência às leis, mas também para a obediência quando essas primam pela dignidade humana, pois "não escondemos, nosso terreno não é o terreno do direito, é o terreno revolucionário" (MARX, 1987, p. 43).

A nosso ver, é justamente o entendimento dessa questão e da sua centralidade que tem gerado importantes conflitos teóricos e, no campo da práxis, entre uma vertente crítica, na qual predomina a perspectiva da análise das diferenciações sociais sob a forma de classe, e outra vertente em que predomina a perspectiva das múltiplas identidades e subjetividades, compreendendo a EJA como campo de demonstração unicamente da diversidade cultural.

Do mesmo modo, podemos afirmar a existência de concepções distintas sobre a EDH, derivando diferentes visões sobre a forma e o conteúdo das práticas pedagógicas.

A partir deste enquadramento, nossa hipótese é de que os novos formatos das políticas educativas voltadas para jovens e

---

6. Situação exemplificada por Hobsbawm (2007), ao tratar do "waron terror", momento no qual a emblemática democracia americana permitiu ao Estado reviver a prática da tortura e tornar os(as) cidadãos(as) alvos de vigilância oficial.

Educação de jovens e adultos

adultos(as) podem ser instrumento para convencer as pessoas de que o que é indispensável para uma camada social não é para outra, no sentido de conformar a desigualdade.

Nesse sentido, uma vertente menos crítica tanto da EJA como da própria EDH, corre o risco de ficar abstraída das relações sociais em que se produz, estruturando-se a partir de objetivos de caráter paliativo quanto à desigualdade social. Assim, entendemos que esta discussão não pode estar separada da materialidade histórica na qual se desenrola a EJA.

A centralidade dessa prática pedagógica no sentido ontológico do trabalho e na luta de classes é distinta daquela que vê a EJA e seu público apenas pelos recortes da diversidade cultural e do multiculturalismo radical. Por isso, utilizamos a expressão jovens e adultos(as) trabalhadores(as) para identificar o referencial sobre o qual nos baseamos e dizer que tratamos da educação da classe trabalhadora.

Com isso, não negamos o fato de que, entre os(as) trabalhadores(as), encontramos a diversidade. São *homens e mulheres* negros(as), mestiços(as), indígenas, brancos(as), hetero ou homossexuais que adotam variadas crenças religiosas, enraizados(as) em diferentes culturas regionais, mas, ao mesmo tempo, e cada vez mais, imersos(as) na cultura de massa. São pessoas que sofrem não apenas as opressões pelo lugar que ocupam na sociedade de classes, mas, junto a estas, e potencializadas por estas, também sofrem discriminação por sua origem étnica, por serem mulheres, por sua diversidade sexual, por sua religião, por seu sotaque regional.

A clareza de que a EDH tem potencial capacidade de favorecer uma educação para a cidadania popular e ativa, diferenciando-se de uma educação adaptativa, em uma alusão direta à necessidade de adequação da escola às exigências do mercado, requer destacar que a educação para a cidadania não é una, e um olhar mais atento põe em relevo a diversidade de concepções existentes sobre o que venha a ser este conceito.

No momento em que as Diretrizes Nacionais para a Educação em Direitos Humanos (BRASIL, MEC/CNE, 2012) são referenciais que orientam os sistemas de ensino, cabe refletir sobre o papel dessas Diretrizes junto à Educação de Jovens e Adultos, a qual por sua vez, também tem, enquanto modalidade formal, estruturação recente e desafios históricos no cenário da educação brasileira.

Mais do que se comprometer com uma educação que fique restrita à esfera da lei, ou seja, restrita à transmissão e socialização de direitos e deveres formalizados, devemos caminhar para uma prática pedagógica que favoreça a plena conquista e o exercício de uma prática indefectivelmente política, aqui compreendida como práxis, e não como atividade prática contraposta à teoria:

> a práxis é ativa, é atividade que se produz historicamente — quer dizer, que se renova continuamente e se constitui praticamente —... Sendo o modo específico de ser do homem, a práxis com ele se articula de modo essencial, em todas as suas manifestações, e não determina apenas alguns dos seus aspectos ou características. A práxis se articula com todo o homem e o determina em sua totalidade. (KOSIK, 2002, p. 222-223)

Quando Nosella (2005) afirma que nos anos 1980 o termo "educador" sobressaiu-se ao "professor", justamente porque semanticamente explicitava a necessidade do engajamento ético-político e negava o reducionismo da prática pedagógica à dimensão "técnica asséptica", é possível verificar que a prática docente em si é política, podendo ser compromissada com uma sociedade mais justa ou, favorecedora da ordem desumanizante, hegemônica no atual momento histórico.

Nessa perspectiva, pensar a prática em EDH na EJA associa-se a uma concepção pedagógica a qual permite ao ser humano reconhecer-se como sujeito naquilo que produz, pois, caso contrário, corre-se o risco de fragmentar a constituição humana, subjugando essa educação à lógica da (re)produção do capital, negando o potencial da educação como ação humanizadora.

Promover a EDH, em uma perspectiva emancipadora, não é educar para o que esteve sempre presente na humanidade; pressupõe a formação humana, a realização gradual e contínua das possibilidades imanentes à humanidade, ao gênero humano, já que esse é produto e expressão de suas relações sociais, herdeiro e preservador do desenvolvimento de seus pares.

Ao ter como foco a EDH em suas relações com a educação para a cidadania efetivada no âmbito da Educação de Jovens e Adultos, cabe ressaltar o papel da escola pública para a formação da cidadania ativa, pois, apesar dessa ser espaço de exercício permanente de construção coletiva da cidadania (SILVA, 2000), isoladamente não dá conta da tarefa de formar o(a) cidadão(ã) e, portanto, a sociedade na qual esse cidadão(ã) será humanizado(a) em sua totalidade.

A formação para a cidadania vai além dos muros da escola. Ela é forjada no dia a dia das relações dos indivíduos e no conjunto das organizações da sociedade, pois a cidadania é uma situação política, social e econômica dependente de condições concretas.

A formação nessa perspectiva não pode circunscrever-se ao espaço escolar, mas também não podemos desconsiderar que esse seja o espaço privilegiado para que jovens e adultos(as), das camadas populares, tenham acesso ao conhecimento historicamente produzido e também a vivências marcadas pelo entendimento mútuo, respeito e luta por direitos, ou seja, espaços com potencial para o fortalecimento da democracia e promoção da cidadania.

Como aponta Silva (2010), a defesa intransigente que devemos fazer pela garantia ao direito à educação pública, gratuita e laica para toda e qualquer pessoa, inclusive para os que a ela não tiveram acesso em outros momentos da vida, é condição para pensar e estruturar a Educação em Direitos Humanos, uma vez que a efetividade dos direitos positivados exige necessariamente o conhecimento e a ampliação de novos direitos, o engajamento em prol de outra sociedade possível.

A desintegração social, resultante do período ditatorial a que foi subjugada a sociedade brasileira, agravada pelo dilaceramento promovido pelas políticas neoliberais e pela racionalidade do mercado, coloca grandes desafios para a Educação de Jovens e Adultos, principalmente quando desenvolvida no seio de escolas compromissadas com a comunidade e com a formação integral do ser humano.

Tecidas algumas considerações sobre a Educação, enquanto direito de todos(as) e compreendido serem jovens, adultos(as) e idosos(as) sujeitos de direito formalmente instituído pela legislação, tentamos possibilitar a compreensão de que a luta pela igualdade do direito à educação é premente na sociedade brasileira, devido às históricas e presentes violações dos direitos educativos.

Ao refletirmos sobre a formação para a cidadania em suas relações com a EJA, expõe-se a relevância da Educação em Direitos Humanos em seu compromisso com a democracia e sua pertinência, quando desenvolvida no marco do respeito aos direitos sociais. Para o aprofundamento da questão, passaremos a refletir sobre a Educação de Jovens e Adultos em Direitos Humanos.

Educação de jovens e adultos

2. EDUCAÇÃO DE JOVENS E ADULTOS EM DIREITOS HUMANOS

Conforme discutido anteriormente, a Constituição de 1988 reestabeleceu os direitos civis, que foram suprimidos pelo regime militar, ampliou os direitos sociais e assumiu como um de seus princípios a proteção da dignidade da pessoa humana, reforçando a prevalência dos direitos humanos e reconhecendo o papel da educação para o fortalecimento da democracia e exercício da cidadania.

Essa conquista foi uma construção coletiva dos movimentos e organizações da sociedade civil no processo de redemocratização, momento no qual a educação ganhou papel estratégico na luta pelos direitos humanos, por seu potencial para a formação de uma cultura de direitos humanos e construção de uma memória que opusesse a sociedade às violências e torturas cometidas pelo Estado brasileiro.

Apesar da função estratégica e popularização da Educação em Direitos Humanos, Frei Betto (s/d.) aponta a necessidade de um programa sistemático de Educação em Direitos Humanos, o qual não se restrinja à proclamação da universalidade dos direitos, mas negue as desigualdades e afirme as necessárias rupturas com as suas causas. Programas que não apresentem esse teor mantêm cristalizadas concepções legitimadoras de uma ordem na qual

> violações e assassinatos sejam denunciados, mas não a tortura policial empregada como método de intimação e investigação; o roubo, mas não a miséria que atinge milhares de pessoas; a censura, mas não a intervenção estrangeira em países soberanos; o desrespeito à propriedade, mas não a sonegação do direito de propriedade à maioria da população (FREI BETTO, s/d.).

Para Genevois,[7] a luta pelos direitos humanos também se faz pela educação, pois é necessária uma formação dos valores de direitos humanos, uma vez que não bastam boas leis, uma boa Constituição, é preciso que as pessoas conheçam os seus direitos e se engajem socialmente.

Nessa direção, a estruturação do Plano Nacional de Educação em Direitos Humanos (PNEDH)[8] (BRASIL, MEC, SEDH, 2006a), conquista da articulação de organizações governamentais, não governamentais, de organismos internacionais, universidades, escolas de educação infantil, por ensino fundamental e médio, da mídia e de instituições do sistema de segurança e justiça em torno da elaboração de referências formais para a Educação em Direitos Humanos, atendeu ao anseio de tornar visível as políticas e ações. Essas a serem desenvolvidas pelos diversos órgãos públicos e entidades da sociedade civil no que se refere à Educação em Direitos Humanos.

Ao versar sobre a Educação em Direitos Humanos em sua relevância no âmbito da Educação de Jovens e Adultos, se deve canalizar esforços para compreender o PNEDH para além das letras, pois significa considerar uma proposta de EDH que não se restrinja ao enunciado, mas que promova inclusão, igualdade e partilha justa da riqueza.

O PNEDH constituiu marco da ação articulada entre a Secretaria Especial de Direitos Humanos — SEDH (atualmente

---

7. Em entrevista, José Sergio Fonseca de Carvalho aponta o papel da Comissão de Justiça e Paz e a Rede Brasileira de Direitos Humanos como iniciativas decisivas para a articulação entre educação e direitos humanos, salientando o papel de Paulo Vanucchi e Margarida Genevois como marcos da efetivação dos Direitos Humanos no Brasil. Entrevista disponível em: Frei Betto, p. 1. Acesso em: 30 abr. 2012.

8. O PNEDH, compreendido enquanto um instrumento de construção de uma cultura de direitos humanos foi publicado inicialmente em 2003, tendo sido debatido em encontros, seminários e fóruns em âmbito internacional, nacional, regional e estadual sendo aperfeiçoado e ampliado, sendo a segunda edição publicada em 2006.

Educação de jovens e adultos   41

denominada Secretaria de Direitos Humanos — SDH), o Ministério da Educação — MEC, e o Ministério da Justiça, em um momento no qual o projeto político vigente colocou-se na contramão das políticas reducionistas imperantes nos anos 1990. Assumiu-se como prioridade e eixo fundamental a Educação em Direitos Humanos.

> Neste governo, é prioridade e eixo fundamental das políticas públicas a educação em direitos humanos. Acreditamos que o quadro de graves violações somente será alterado se conseguirmos formar cidadãos mais conscientes de seus direitos, dos meios para a sua proteção e voltados para o fortalecimento do Estado Democrático de Direito e da cultura de paz. (BRASIL, MEC, SEDH, 2006a, p. 6)

O referido documento, como construção coletiva, foi tecido por diversas mãos, articulando interesses e aspirações dos mais variados segmentos sociais, apoiando-se em documentos internacionais e nacionais referentes ao campo dos Direitos Humanos, encerrando, portanto, contradições e limites.

Avanços podem ser apontados na metodologia adotada para sua elaboração, pois contou com a participação da sociedade civil organizada e pautou-se pela assunção do Programa Mundial de Educação em Direitos Humanos (ONU, 2004). Tornou acessível aos profissionais da Educação a compreensão da necessidade de respeitar e promover o respeito integral aos direitos humanos e combater toda e qualquer forma de injustiça, quer em sua vertente social, resultante da estrutura econômica, ou em sua vertente cultural, promotora do não reconhecimento.

Passadas mais de duas décadas do fim do regime militar brasileiro, o PNEDH (BRASIL, MEC, SEDH, 2006a) constituiu estratégico papel para o desenvolvimento de uma cultura de direitos. Os princípios, diretrizes e ações corroboram para uma educação contestadora de costumes e valores promotores da naturalização das violações da dignidade humana e, ao mesmo tempo, favorece o controle social sobre as políticas públicas de Educação.

Nessa direção, apesar dos limites instituídos pelas contraditórias forças presentes na sociedade, o PNEDH (BRASIL, MEC, SEDH, 2006a) pode ser compreendido como resultado de uma política de governo a qual aponta compromisso com uma proposta de sociedade baseada nos princípios da democracia e da justiça social; de construção de uma cultura de direitos humanos, entendida como processo a ser apreendido e vivenciado numa perspectiva de cidadania ativa, com vistas a contribuir para o aperfeiçoamento do Estado Democrático de Direito.

A estrutura do Plano se articula em torno de cinco eixos: educação básica, educação superior, educação não formal, educação dos profissionais dos sistemas de justiça e segurança e educação e mídia. Apesar de não dialogar diretamente com os marcos legais da Educação de Jovens e Adultos, afirma ser "dever dos governos democráticos garantir a educação e profissionalização de jovens e adultos e erradicar o analfabetismo" (BRASIL, MEC, SEDH, 2006a, p. 9).

Situação similar é identificada por Di Pierro (2008) em relação aos instrumentos internacionais de garantia dos direitos humanos os quais, embora não façam menção específica à Educação de Jovens e Adultos, são abrangentes na declaração do direito à educação, compreendendo diferentes grupos etários.

Ao estabelecer linhas de ação para a Educação Básica e para a Educação não formal, o referido Plano situa referências para a Educação em Direitos Humanos, quer no âmbito da modalidade EJA, ou de programas e projetos educacionais os quais tenham como público jovens, adultos(as) e idosos(as).

Nessa direção, o PNEDH (BRASIL, MEC, SEDH, 2006a) desnuda possibilidades para uma prática pedagógica promotora de humanização. Não apenas por prover questões existenciais como a indignação ou a capacidade de reflexão crítica sobre os direitos e suas violações, mas por valorizar práticas pedagógicas que corroborem para que essas sejam realizadas para além dos bancos escolares, na participação social e no movimento concreto da história.

Quando tratamos da Educação de Jovens e Adultos, nas diversas formas como é ofertada à população, é premente a relação com a Educação em Direitos Humanos. Frei Betto (s/d.) destaca que em coerência com o recomendado por Paulo Freire, a Educação em Direitos Humanos deve ser dialógica, adotando o(a) educador(a) posturas que levem à colaboração, união, organização, síntese cultural e reconstrução do conhecimento.

Sem dúvida, as posturas citadas são necessárias, porém pensar a Educação em Direitos Humanos como prática pedagógica de professores(as) atuantes na EJA exige relação dialética entre teoria e prática, ou seja, o desenvolvimento de um trabalho pedagógico no âmbito da integralidade, interdependência e indivisibilidade dos direitos civis, políticos, sociais, econômicos, ambientais e culturais, pois quando um deles é violado, os demais também o são.

Expressão clara de uma visão parcial do direito à educação e, portanto, dos Direitos Humanos é compreender como suficiente a oferta de vagas em Educação de Jovens e Adultos, sem assegurar materialidade para a formação dos(as) professores(as) e permanência e continuidade dos estudos dessa população.

Aos jovens, adultos(as) e idosos(as) não se faz suficiente a oferta, mas necessária a qualidade social e a sustentabilidade socioambiental, o que implica pensar uma educação inclusiva, que, no Marco de Ação de Belém (BRASIL, UNESCO, 2010a),[9] significa promover uma educação que se oponha a todo e qualquer tipo de exclusão decorrente de idade, gênero, etnia, condição de imigrante, língua, religião, deficiência, ruralidade, identidade ou diversidade sexual, pobreza, deslocamento ou encarceramento.

No que tange à negação do direito ao acesso à educação é comum diferentes instâncias governamentais negarem investimentos em políticas que promovam a busca ativa dos(as) cidadãos(ãs) que se encontram ainda fora do sistema educacional. Pautados pela lógica da suficiência da oferta e pela meritocracia, não incorporam a primazia da ruptura com as travas que distanciam os(as) estudantes das salas de aula, e muito menos a especificidade deste segmento como elemento constituinte das políticas de Educação de Jovens e Adultos.

Um dos caminhos para reparar a violação do direito à educação a Jovens e Adultos(as) é a oferta de vagas, porém não é em si suficiente. São crescentes as experiências mostrando possíveis caminhos.

> Um dos caminhos para reparar essa violação do direito à educação é aquele percorrido pelo Fórum Paulista de Educação de Jovens e Adultos, que acionou o Ministério Público e deu início a uma Ação Civil Pública para compelir os governos municipal e estadual a cumprir sua obrigação de recensear os estudantes potenciais. Além de vontade política, a realização dos censos implica desafios técnicos que requerem cooperação intergovernamental e reunião de esforços de institutos de pesquisa, instituições de ensino superior, da Justiça Eleitoral e de órgãos que detêm cadastros de beneficiários de políticas e programas sociais diversos (DI PIERRO, 2008, p. 406).

---

9. O Marco de Ação de Belém é um documento construído coletivamente ao longo do processo preparatório para o VI CONFITEA. Após aprovação, caracterizou-se como um conjunto de recomendações para o norteamento das Políticas de Alfabetização e EJA.

Educação de jovens e adultos

Sendo a garantia ao acesso, permanência e continuidade dos estudos a jovens e adultos(as) um aspecto da luta pelos direitos humanos, *não apenas em decorrência* de ser a educação considerada uma *"chave"*[10] para a conquista e a garantia de outros direitos em decorrência das exigências de uma sociedade na qual as práticas sociais são predominantemente mediadas pela escrita, mas em decorrência também de a essas pessoas ter sido negado, ao longo da vida, o direito à educação. Ao serem desapropriados(as) deste direito, tiveram negado o acesso ao conhecimento historicamente produzido e sistematizado pela humanidade.

Diante da evidente necessidade de contrapor o quadro das violações aos Direitos Humanos de jovens e adultos que marca a sociedade brasileira e que, segundo Milton Santos (2007), privilegiou a formação do(a) usuário(a)[11] à do cidadão(ã), faz-se necessário aos processos educativos promover "a consciência cidadã capaz de se fazer presente em níveis cognitivo, social, ético e político" (BRASIL, MEC, SEDH, 2006a, p. 17), o que significa afirmar a urgência da Educação em Direitos Humanos.

Mas o que é Educar em Direitos Humanos? Como promover a Educação de Jovens e Adultos em Direitos Humanos?

Segundo o PNEDH (BRASIL, MEC, SEDH, 2006a), Educar em Direitos Humanos pressupõe o desenvolvimento de processos educativos os quais favoreçam a formação de cidadãos(ãs) conscientes de seus direitos e deveres, protagonistas da materialida-

---

10. De acordo com a Declaração de Hamburgo (ALEMANHA, 2007, art. 2º) a educação de adultos configura-se como chave para o século XXI, sendo tanto consequência para o exercício da cidadania como condição para uma plena participação na sociedade.

11. O autor utiliza o termo usuário como sinônimo de consumidor, esclarecendo que este é fruto das transformações que se operaram na sociedade brasileira no espaço das últimas duas gerações, fortemente marcada pela desruralização, migrações desenraizadoras, urbanização galopante e concentradora, expansão do consumo de massa, concentração midiática e instalação de um regime repressivo com supressão dos direitos elementares do indivíduo (p. 25).

de das normas e pactos que os protegem, reconhecedores do princípio normativo da dignidade humana, englobando a solidariedade internacional e o compromisso com outros povos e nações. Além disso, formar em direitos humanos significa promover a formação de cada cidadão(ã) como sujeito de direitos, capaz de exercitar o controle democrático das ações do Estado.

Nesta direção, o PNEDH coloca como desafio para a Educação a estruturação de propostas políticas que articulem múltiplas dimensões:

> a) Apreensão de conhecimentos historicamente construídos sobre direitos humanos e a sua relação com os contextos internacional, nacional e local;
>
> b) Afirmação de valores, atitudes e práticas sociais que expressem a cultura dos direitos humanos em todos os espaços da sociedade;
>
> c) Formação de consciência cidadã capaz de se fazer presente em níveis cognitivos, social, ético e político;
>
> d) Desenvolvimento de processos metodológicos participativos e de construção coletiva, utilizando linguagem e materiais didáticos contextualizados;
>
> e) Fortalecimento de práticas individuais e sociais que gerem ações e instrumentos em favor da promoção, da proteção e da defesa dos direitos humanos, bem como reparação das violações. (BRASIL, MEC, SEDH, 2006a, p. 17)

Para os(as) professores(as) atuantes na EJA, as múltiplas dimensões da EDH colocam como desafio incorporar os direitos humanos à cultura escolar, o que implica em desenvolver estratégias para que o(a) estudante compreenda-se enquanto sujeito de direitos, mas fundamentalmente democratizar o funcionamento da escola e das relações na sala de aula. Assim, a EDH deve estar presente em diferentes espaços da escola, como eixo norteador do projeto político-pedagógico, o qual se configura,

Educação de jovens e adultos

potencialmente, como instrumento teórico-metodológico norteador do ser e fazer escolar, pois,

> [...] a escola tem papel preponderante nessa formação por contemplar todos esses processos, considerando que o objeto do seu trabalho é a formação humana, que vai além da apreensão dos conteúdos cognitivos, uma vez que envolve valores, comportamentos e atitudes. Esse espaço toma uma conotação especial para as camadas sociais economicamente desfavorecidas, pois a escola é o principal ambiente de aprendizagem organizada e sistematizado que possibilita a socialização e a apreensão dos conhecimentos acumulados ao longo da história da humanidade. (SILVA, 2010, p. 45)

Trata-se do compromisso com a difusão da cultura de direitos humanos, disseminação de valores democráticos, cooperativos e de justiça social, os quais devem ficar explícitos no projeto político pedagógico, na organização do trabalho pedagógico e na prática docente.

Nessa direção, o PNEDH (BRASIL, MEC, SEDH, 2006a) apresenta objetivos e linhas de ação muito claras, as quais dialogam com concepções e princípios para a Educação Básica e para a Educação Não Formal.

No âmbito da Educação Básica destacam-se, no referido documento, como pontos de relevância para a construção de uma proposta democrática de Educação de Jovens e Adultos em Direitos Humanos:

a) Ocorrer na comunidade escolar em interação com a comunidade local;

b) Reconhecer a pluralidade e a alteridade como condição para o exercício da crítica, da criatividade, respeito, promoção e valorização da diversidade;

c) Ofertar especial atenção às pessoas e segmentos sociais destituídos dos direitos humanos;

d) Democratizar as condições de acesso, permanência e conclusão.

e) Socializar o conhecimento historicamente produzido e promover a equidade étnica racial; religiosa, cultural, territorial, físico-individual, geracional, de gênero, de diversidade sexual, de opção política, de nacionalidade, dentre outras;

f) Promover uma escola livre de preconceitos, violências, abuso sexual, intimidação e punição corporal por meio de processos participativos e democráticos (BRASIL, MEC, SEDH, 2006a, p. 23-5).

Afora os pontos destacados o documento apresenta rica coletânea de ações programáticas para a inclusão da Educação em Direitos Humanos na Educação Básica, estendendo orientações para os processos educativos desenvolvidos em espaços/tempos não formais.

O PNEDH (BRASIL, MEC, SEDH, 2006) ao reconhecer que a aquisição e produção de conhecimento não acontecem somente nas escolas, mas em todas as áreas de convivência humana, destaca como princípios da Educação em Direitos Humanos, em espaços não formais, a emancipação e a autonomia.

Essas categorias são clássicas no campo da Educação de Jovens e Adultos, o que reforça possíveis aproximações entre os princípios da EJA e EDH. Avançando nesse esclarecimento o documento explicita o que venha a ser a Educação em Direitos Humanos em espaços não formais.

[...] configura um permanente processo de sensibilização e formação de consciência crítica, direcionada para o encaminhamento de reivindicações e a formulação de propostas para as políticas públicas, podendo ser compreendida como: a) qualificação para o trabalho; b) adoção e exercí-

Educação de jovens e adultos

cio de práticas voltadas para a comunidade; c) aprendizagem política de direitos por meio da participação em grupos sociais; d) educação realizada nos meios de comunicação social; e) aprendizagem de conteúdos da escolarização formal em modalidades diversificadas; e f) educação para a vida no sentido de garantir o respeito à dignidade do ser humano. (BRASIL, MEC, SEDH, 2006, p. 31)

Pelo exposto, fica bastante claro que a Educação Básica, e no seu âmbito, a modalidade EJA, e também programas e projetos destinados a jovens, adultos(as) e idosos(as) devem se pautar pelos princípios da Educação em Direitos Humanos.

Ainda nessa esfera, o documento destaca que a Educação em Direitos Humanos é promovida no âmbito da educação não formal quando os processos educativos são desenvolvidos com foco na reparação dos Direitos Humanos, na reflexão sobre condições concretas de vida e nos processos históricos que engendram violações.

Além das formas descritas, o documento enfatiza que a Educação em Direitos Humanos nos espaços não formais também se estrutura em torno do estímulo a grupos e comunidades a se organizarem e proporem interlocuções com as autoridades públicas na busca da reparação de direitos.

Como visto, o campo para a EDH na EJA configura-se amplo e estratégico, abrangendo o diálogo entre o saber formal e não formal acerca dos Direitos Humanos, sendo esse conhecimento passível de integrar os programas de qualificação profissional, alfabetização de jovens e adultos(as), educação social comunitária, formação de gestores(as) públicos(as) e lideranças sociais e produções artísticas.

O trabalho com a EDH na Educação de Jovens e Adultos revela-se como uma valiosa oportunidade frente à histórica mutilação da cidadania pela elite brasileira, bem como pela necessidade de fortalecer a sociedade para que perceba e reaja às desigualdades e à falta de respeito diante aos direitos conquistados.

Além de (con)formar, a EDH não deve ficar restrita à formação para a manutenção da ordem, sem questioná-la, mas possibilitar uma educação e uma escola que contribuam para a ruptura com a submissão, o conformismo e a passividade e, fundamentalmente, que possibilite a compreensão das estruturas que produzem as desigualdades e aprofundam a negação dos direitos.

Abalizadas pelo exposto, pensar a Educação de Jovens e Adultos em Direitos Humanos requer uma prática pedagógica focada na formação de homens/mulheres atuantes sobre seu contexto, sujeitos de sua história e da história da coletividade.

Mais do que uma ação reflexiva, faz-se necessária uma ação transformadora, o que implica não só a compreensão dos direitos, mas também dos mecanismos que engendram sua negação; a participação na escola, mas também a estruturação de uma escola democrática; a identificação dos direitos negados na comunidade, mas também as ferramentas e ações para reivindicá-los e lutar contra as injustiças que os geram.

A necessidade de um Programa Sistemático de Educação em Direitos Humanos, em certa medida, foi contemplada pelo PNEDH (BRASIL, MEC, SEDH, 2006a). Cabe aos atores sociais, em especial aos atores atuantes em contextos escolares, tomarem o documento em sua dimensão estratégica para a promoção, fomento e fortalecimento da igualdade e da dignidade humana e agir em prol de uma cultura de direitos humanos.

Portanto, a patente discussão aqui realizada aponta que a defesa dos direitos humanos passa pela garantia do direito à Educação e pela formação de sujeitos de direitos. Considerados os múltiplos desafios postos pela EDH e pela EJA, essas garantias demandam uma escola pública fortalecida, por ser esse o espaço social privilegiado para a socialização do conhecimento historicamente produzido e promoção da democracia, respeitadas as diferenças étnicas, raciais; religiosas, culturais, territoriais, físico-individuais, geracionais, de gênero, de diversidade sexual, de opção política, de nacionalidade, dentre outras.

Arrazoados os princípios e a função social da Educação em Direitos Humanos, passaremos a tratar das Diretrizes Nacionais para a Educação em Direitos Humanos em suas relações com a EJA.

3. DIRETRIZES NACIONAIS PARA A EDUCAÇÃO EM DIREITOS HUMANOS E EDUCAÇÃO DE JOVENS E ADULTOS

O século XX caracterizou-se como um período histórico marcado por 40 anos de guerra mundial, guerras étnicas, separatistas, genocídios e autoritarismo de Estados violadores dos direitos. Em contraposição, foi promissor para a promoção, observância, defesa e a internacionalização dos Direitos Humanos, principalmente no pós Segunda Guerra Mundial, justamente como resposta às bárbaras violações cometidas pelo nazifascismo.

Segundo Trindade (2000), a internacionalização dos Direitos Humanos, cujo marco inicial foi a Declaração Universal dos Direitos Humanos de 1948, constitui um fenômeno recente na história mundial, o qual culmina na instituição da sistemática normativa de proteção internacional, criando a possibilidade de responsabilização do Estado frente às violações da dignidade humana.

Por ser um tema emergente, a internacionalização é marcada pelo desafio de converter os direitos humanos em legítimo interesse da sociedade, bem como promover e fortalecer a integração participativa do(a) cidadão(a) no processo de poder. Trata-se de fazer avançar a consciência do direito a ter direitos e a participação ativa em todas as questões que envolvem a comunidade, o bairro, a cidade, o Estado e o país, com vistas a promover a dignidade e a igualdade de todas as pessoas.

No processo de luta e internacionalização dos Direitos Humanos, a Educação em Direitos Humanos vem alçando visibilidade, tendo sido a II Conferência Mundial de Direitos Humanos (1993) um relevante marco. Realizada em Viena e referendada pelo Brasil, enfatizou o dever dos Estados em orientar a educação no sentido de que a mesma reforce o respeito aos direitos humanos e liberdades fundamentais.

Nesse marco, foi fortalecida a compreensão do papel da Educação como requisito fundamental para o indivíduo atuar plenamente na sociedade moderna, a ampliação do conhecimento e a construção de uma cultura universal de direitos humanos.

No Brasil, os antecedentes dessa conquista são muitos e apresentam raízes fincadas na luta pela redemocratização e fortalecimento do Estado Democrático de Direito, e o compromisso com um processo educativo o qual eduque para que não se efetive nunca mais a violência de Estado cometida nos anos de ditadura.

A ditadura militar de 1964-85 reprimiu, sistematicamente, os direitos políticos e, ao mesmo tempo, expropriou direitos econômicos e sociais, caracterizando-se claramente como um governo a favor dos ricos e poderosos. Os direitos econômicos e sociais da grande maioria dos brasileiros foram avassalados, ao mesmo tempo em que outros direitos passaram a ser sistematicamente violados — os direitos políticos, os direitos de organização e de expressão, o direito à privacidade, os direi-

Educação de jovens e adultos

tos jurídicos de defesa das pessoas etc. Foi a partir deste momento que os direitos humanos passaram a ganhar a conotação que têm hoje. (SADER, 2007, p. 78)

Ao longo dos últimos 30 anos, muitas experiências foram desenvolvidas no âmbito da EDH, em sua ampla maioria em espaços/tempos não formais de Educação. Artigos foram escritos, pesquisas realizadas, redes constituídas, cursos, encontros, seminários formulados. Porém, apenas a partir da segunda metade dos anos 2000 registram-se experiências de estruturação de Políticas Públicas de Educação em Direitos Humanos no âmbito da Educação Formal em nível federal de forma mais ampla.

Destaca-se a estruturação da Secretaria de Educação Continuada, Alfabetização, Diversidade e Inclusão (BRASIL, MEC/ SECADI), a qual tem como proposta promover políticas e programas voltados à potencialização do papel da educação nas mudanças culturais e sociais, assim como contribuir para a redução das desigualdades educacionais por meio da participação de todos(as) os(as) cidadãos(ãs) em políticas públicas que assegurem a ampliação do acesso à educação.

A referida Secretaria, criada em julho de 2004, integra a estrutura de gestão do Ministério da Educação. Por meio dela são implementadas, fomentadas e avaliadas as políticas públicas, programas e projetos compromissados com os marcos da Declaração e Programa de Ação de Viena (1993), destacando-se aquelas relacionadas à alfabetização e educação de jovens e adultos, educação do campo, educação ambiental, educação em direitos humanos, educação escolar indígena e diversidade étnico-racial e inclusão e educação para diversidade sexual.

Nessa direção, como visto na parte anterior, a publicação do Plano Nacional de Educação em Direitos Humanos (BRASIL, MEC, SEDH, 2006a), como uma das ações da Secretaria de Direitos

Humanos da Presidência da República, revelou a participação das instâncias governamentais na promoção de uma cultura de direitos humanos.

O referido Plano configurou uma resposta do Estado brasileiro à legislação internacional de proteção aos direitos do(a) cidadão(ã), tendo como referência maior a Declaração Universal dos Direitos Humanos/1948, e possibilitando que processos e movimentos que em maior ou menor escala vinham tendo rebatimento na sociedade brasileira nos últimos 50 anos, tivessem suas demandas e exigências visibilizadas.

Temáticas e lutas em torno da diversidade cultural e étnica, diversidade de gênero, diversidade sexual e geracional, identidade dos povos indígenas, demandas socioculturais da juventude, inclusão social, sustentabilidade socioambiental e educação para pessoa com deficiência, colocam como desafio a estruturação de políticas públicas de educação que permitam a socialização de uma cultura de Direitos Humanos.

Experiências exitosas vêm se multiplicando, mas não obstante a luta pela incorporação da EDH, as políticas públicas de Educação continuam sendo um desafio, pois ainda são poucos(as) os(as) dirigentes educacionais que compreendem sua relevância. Muitos acabam realizando ações pontuais e desarticuladas e a grande maioria sequer assegura o atendimento a essas demandas por meio de políticas públicas.

A fragmentação de iniciativas e a crescente preocupação gerencialista, fortalecidas no bojo do pensamento único, impôs à escola pública o compromisso com índices alheios ao universo educacional. A lógica dos resultados, além de não corroborar para a estruturação de uma educação pública de qualidade, torna a Educação refém de uma pseudoqualidade, a qual dialoga com os interesses do capital em detrimento aos interesses da população.

Mais do que compromissada com resultados imediatistas, a EDH se alinha a conhecimentos, memórias, valores, atitudes, comportamentos, práticas cotidianas que necessitam ser articuladas de maneira confluente, com vistas a ampliar o poder dos indivíduos, grupos e comunidades. Portanto, se mostra compromissada com uma escola pública de qualidade social, fazendo-se necessária e urgente.

> [...] No início dos anos 1990, a educação para os direitos humanos foi apresentada pelas Nações Unidas como um elemento essencial para a paz, tolerância e compreensão mútua entre comunidades. De maneira mais ampla, a meta é estabelecer uma cultura na qual os direitos humanos sejam compreendidos, defendidos e respeitados... O principal desafio da educação para os direitos humanos é ser aceita e compreendida como um elemento fundamental para o desenvolvimento escolar... Ser obrigatória no sistema educacional e entendida como um assunto tão importante a ser ensinado quanto à matemática. (BUMBACHER, s/d.)

Compreendidos os desafios da institucionalização da EDH e devido à existência de normativas que determinem o caráter geral dessa educação, expressa em documentos nacionais e internacionais dos quais o Brasil é signatário, o Conselho Nacional de Educação, em cumprimento aos dispositivos legais e em atendimento às reivindicações históricas dos movimentos sociais, elaborou as Diretrizes Nacionais para a Educação em Direitos Humanos — DNEDH (BRASIL, MEC/CNE, 2012).

Cabe destacar que tem sido crescente a normatização desse campo, por parte do Ministério da Educação. Foram publicadas as Diretrizes Nacionais para a Educação das Relações Étnicos Raciais e para o Ensino de História e Cultura Afrodescendente e Africana (BRASIL, MEC/CNE, 2004); as Diretrizes Nacionais para a oferta de Educação para Jovens e Adultos em situação de privação de liberdade (BRASIL, MEC/CNE, 2010), marco normativo para a oferta de educação para jovens e adultos em situação de privação de liberdade nos estabelecimentos penais brasileiros; e as Diretrizes Curriculares para o Ensino Médio (BRASIL, MEC/CNE, 2012), as quais trazem a educação em direitos humanos como princípio norteador.

Como aponta Garutti (2010) é sabido que todas as legislações são permeadas por um histórico social de lutas e conquistas as quais expressam uma multiplicidade de interesses sociais constituídos por conflitos históricos que, em alguns casos, propõem avanços e em outros atrasos.

A formalização de Diretrizes Nacionais para a Educação em Direitos Humanos, sem dúvida, representa um avanço, mas não assegura que políticas compromissadas com a promoção da EDH sejam efetivadas, e a EDH se torne parte integrante dos Projetos Político Pedagógicos das Escolas. Para tanto, se faz necessária decisões políticas, as quais demandam organização e controle social.

Compreendida a complexidade da instituição da Educação em Direitos Humanos na Educação Básica, parece relevante o aprendizado vivenciado pelos(as) professores(as) militantes e pesquisadores(as) atuantes no âmbito da Educação de Jovens e Adultos. Isso significa que a conquista das Diretrizes Curriculares para a Educação de Jovens e Adultos[12] (BRASIL, MEC/CNE, 2000), a qual estabeleceu as funções reparadora, equalizadora, qualificadora para a modalidade, não significou o desenvolvimento de políticas públicas de educação que assegurem a equalização das disparidades entre a educação regular e a EJA.

Para entender os desafios que estão colocados para a sua efetivação, é preciso compreender que o século XX foi o período histórico no qual as políticas públicas de alfabetização e EJA se

---

12. Brasil. Parecer MEC/CNE/CEB n. 11/2000 e Resolução MEC/CNE/CEB n. 01/2000 — Institui as Diretrizes Nacionais para a Educação de Jovens e Adultos.

Educação de jovens e adultos

materializaram, porém fundadas em estratégias que, sob diferentes roupagens, serviram à manutenção da ordem instituída e não objetivaram a formação do Homem integral concorrendo, como demonstrado por Hummert (2008), para a histórica dualidade estrutural da sociedade brasileira.

O movimento em prol a Educação de Jovens e Adultos, originado nos anos 1940 e fortalecido nos anos 1950, por meio do forte engajamento de estudantes, sindicatos e diversos outros grupos, resultou na aprovação do Plano Nacional de Alfabetização (1964), que trouxe como marca a compreensão de que um processo de alfabetização e educação de jovens e adultos deveria ser estruturado a partir de um exame crítico da realidade do(a) estudante, da identificação das origens dos seus problemas e das possibilidades de superá-los.

Os avanços materializados em políticas no início dos anos 1960 foram tolhidos e sufocados pela ditadura militar (1964 a 1985), sendo a década de 1980 expressivamente relevante por marcar a ruptura com o modelo educacional imposto e dar visibilidade às iniciativas que se efetivaram na esfera da resistência popular, das instituições da sociedade civil e de algumas instituições governamentais.

A luta pelo Direito à Educação e ampliação da escolarização da população jovem e adulta se vincula às conquistas legais referendadas pela Constituição de 1988, a qual garantiu a Educação como direito de todos(as), independente da idade, e definiu metas e recursos orçamentários para a estruturação de políticas públicas e pela LDB (BRASIL/MEC, 1996) na qual a Educação de Jovens e Adultos passará à condição de Modalidade da Educação Básica nas etapas do Ensino Fundamental e Médio.

Apesar dos avanços positivados em lei, poucos foram os Estados e Municípios que estruturam políticas públicas de educação para jovens, adultos(as) e idosos(as). Situação agravada durante os anos 1990, com o norteamento neoliberal imposto à Educação brasileira, o qual contribui para a lógica da precarização do trabalho e da educação do(a) trabalhador(a).

A partir dos anos 2000, são mais notáveis os esforços federais em prol da qualificação, ampliação e diversificação das políticas de acesso, permanência e elevação da escolaridade de jovens, adultos(as) e idosos(as). Porém, é claro que o ritmo não é suficiente e ainda precário quando observados seus resultados nas esferas estaduais e municipais.

A experiência vivenciada no âmbito da Educação de Jovens e Adultos aponta que a implementação de políticas educacionais reafirmadoras do direito fundamental à Educação é um desafio coletivo. Portanto, é esperado que a construção de uma política de Educação em Direitos Humanos não seja menos desafiadora, ainda mais quando se vislumbra não ser restrita à promoção de uma formação para valores pátrios ou se configure como expressão retórica de uma educação compromissada com a normatização social à luz do referencial liberal de sociedade.

As Diretrizes Nacionais para a Educação em Direitos Humanos (BRASIL, MEC/CNE, 2012), assim como as legislações anteriormente citadas, apesar de constituírem conquistas históricas, positivação de direitos e marcos legais, não asseguram a efetivação de direitos. Esses documentos fazem parte da luta por uma sociedade na qual a justiça social e econômica seja princípio, e o direito à Educação seja concreto assegurado a todos(as).

Retomado o dever do Estado em orientar a educação para o respeito aos direitos humanos e liberdades fundamentais, apontamos o desafio de estruturar políticas públicas que permitam a socialização dos conhecimentos e corroborem para o enraizamento da cultura dos direitos humanos.

Mais do que iniciativas pontuais e esporádicas, precisamos de políticas e ações que consolidem projetos coletivos, os quais

Educação de jovens e adultos

acreditamos que irão contribuir para a efetivação das Diretrizes Nacionais para a Educação em Direitos Humanos, o que justifica passarmos a abordar, nessa próxima parte, questões relacionadas à formação dos(as) professores(as), o desafio da promoção de uma educação inclusiva e a organização curricular na EJA.

2ª PARTE

Formação e
PRÁTICA
PEDAGÓGICA

FORMAÇÃO E PRÁTICA PEDAGÓGICA

1. PROFESSORES(AS) IMPROVISADOS(AS), ESTUDANTES DESPROVIDOS(AS)

Ao pensarmos na formação de professores(as) para atuação no âmbito da EJA, refletimos sobre a possibilidade de uma prática pedagógica efetivada no marco da Educação em Direitos Humanos, pois apesar dos avanços na legislação internacional e nacional, há uma grande distância entre os direitos positivados e a realidade concreta das violações dos direitos humanos.

Para fazer avançar a seguridade dos direitos humanos, dentre eles o direito à educação, o Projeto Relatores Nacionais da Plataforma Dhesca[1] (Direitos Humanos, Econômicos, Sociais, Culturais e Ambientais) e a Comissão Interamericana de Direitos Humanos (CIDH) revelam a necessidade de discussão em torno de temas prioritários, como a alta rotatividade de professores(as) nas escolas, a fragilidade da formação inicial e

---

1. A "Plataforma Brasileira de Direitos Humanos Econômicos, Sociais, Culturais e Ambientais" (Plataforma Dhesca Brasil) é uma articulação nacional de 34 movimentos e organizações da sociedade civil, em torno do desenvolvimento de ações de promoção, defesa e reparação dos direitos humanos, visando o fortalecimento da cidadania.

continuada, excesso de estudantes em sala de aula, baixos salários e desigualdades sociais, acessibilidade, adaptação de materiais didáticos e pedagógicos. Essa situação é agravada quando se trata da educação no sistema prisional, educação de comunidades tradicionais-indígenas, quilombolas, ciganos(as), e educação de pessoas com deficiência.

No leque de populações para as quais o direito à educação é conquista histórica a ser erigida, destacamos jovens, adultos(as) e idosos(as), sujeitos de histórias de negação de direitos ao longo da vida,

> Especificamente na Educação de Jovens e Adultos (EJA), a história não só registra os movimentos de negação e de exclusão que atingem esses sujeitos, mas se produz a partir de um direito conspurcado muito antes, durante a infância, esta negada como tempo escolar e como tempo de ser criança a milhões de brasileiros. (PAIVA, 2006)

Para esses sujeitos, o acesso à educação de qualidade social é condição para o empoderamento pessoal, social, econômico e político, bem como para que exerçam e ampliem seus direitos. Nesta direção, o Marco de Ação de Belém (2010a) estabelece como recomendação para a ampliação da qualidade da educação ofertada a jovens, adultos(as) e idosos(as) a melhoria da formação, capacitação, condições de emprego e profissionalização dos(as) educadores(as) de adultos.

O referido documento ainda destaca:

> a falta de oportunidades de profissionalização e de formação para educadores tem um impacto negativo sobre a qualidade da oferta de aprendizagem e educação de adultos, assim como o empobrecimento do ambiente de aprendizagem, no que diz respeito a equipamentos, materiais e currículos. (MARCO DE AÇÃO DE BELÉM, BRASIL, 2010a, p. 21)

A problematização da formação de professores(as) para atuação na Educação de Jovens e Adultos tem revelado não terem os(as) profissionais dessa modalidade, em sua maioria, habilitação específica para tal, trazendo em sua prática as marcas da precarização e, embora a despeito da sua criatividade e compromisso, têm sua docência constituída na improvisação e no aligeiramento.

A Educação e Jovens e Adultos, diferentemente da educação de crianças e adolescentes, se efetiva em diferentes espaços/tempos. Os cenários são múltiplos e na maioria das vezes precários, em escolas, empresas, templos religiosos, penitenciárias, unidades socioeducativas, canteiros de obra, acampamentos e assentamentos rurais, ocupações urbanas, hospitais, apenas para citar os espaços mais comuns.

Dentre as características que conformam a Educação de Jovens e Adultos como modalidade destaca-se a diversidade de contextos em que se desenvolve a prática pedagógica e a pluralidade de seus sujeitos.

Essa diversidade de espaços, contextos e sujeitos exige o desenvolvimento de práticas pedagógicas múltiplas, o que leva a indagação sobre qual a formação dos(as) profissionais atuantes nesse segmento educacional. A formação inicial e continuada está possibilitando ao processo educativo romper com a barreira da negação dos direitos?

Encontramos em Oliveira (2004) indagações sobre as marcas identitárias entre estudantes e professores(as) atuantes na EJA, segundo o qual se trata do encontro da desigualdade de oportunidades, da negação do direito à educação e à formação.

No cenário educacional brasileiro, as marcas da precariedade e da improvisação são históricas, não sendo exclusividade dos contextos da EJA. Avanços, retrocessos, idas e vindas marcam a política educacional, oscilações exacerbadas na década de 1990, momento no qual a mundialização do capital impôs o processo de flexibilização e precarização das relações de emprego e trabalho, o qual também chegou ao campo da gestão escolar, desqualificando ainda mais a organização do trabalho pedagógico, favorecendo a desprofissionalização e proletarização do magistério em diferentes níveis e modalidades de ensino.

Esse cenário revelou-se perversamente mais complicado para a Educação de Jovens e Adultos, uma vez que esse campo exige de seus(suas) profissionais um olhar diferenciado para as necessidades de aprendizagem dos diferentes públicos presentes em sala de aula, formulação de propostas de políticas pedagógicas flexíveis aos diferentes contextos nos quais se efetiva a prática, domínio de temas emergentes, pertinentes às necessidades dos(as) estudantes e de suas comunidades, bem como domínio dos conteúdos de área e metodologias adequadas às diferentes faixas etárias que a EJA engloba.

Frente às demandas que conformam a modalidade, a formação inicial não tem assegurado o preparo de professores(as) para atuação no campo, ficando a cargo da formação continuada, especialização, prática cotidiana, ou ainda, como destaca Tura (2000), da socialização e interação dos(as) docentes com seus(suas) alunos(as) e com seus pares a capacitação destes(as) professores(as).

A maioria dos(as) professores(as) atuantes nos sistemas municipais, estaduais e também no sistema prisional em turmas de EJA nunca recebeu formação específica para a função que exerce; quando o foco é direcionado para os(as) educadores(as) atuantes em Programas de Alfabetização, a situação se torna ainda mais complexa, pois impera o quadro de leigos, que recebem uma formação aligeirada e insuficiente para o desafio que vivenciam nos espaços/tempos pedagógicos em que atuam.

Assim, ao focarmos a Educação de Jovens e Adultos e a formação dos(as) professores(as) atuantes nesta modalidade, identifica-se que o arcabouço de sustentação da prática docente tem marcas do conhecimento adquirido no processo de formação inicial, mas se constitui, efetivamente, por meio dos saberes que produzem e exercitam, na relação com os(as) estudantes e a partir dos desafios engendrados no cotidiano de sala de aula.

Alessi e Stival (2011), em estudo sobre os(as) professores(as) atuantes na rede pública de Curitiba, destacam estarem os(as) mesmos(as) envolvidos(as) com a EJA no magistério há mais de 15 anos. Porém, poucos(as) têm experiência de docência nessa modalidade, sendo sua prática acumulada na docência nos anos iniciais do ensino fundamental e não estando suficientemente preparados(as) para a docência na EJA.

A situação identificada é sintomática dentro do cenário nacional da EJA, pois apesar da luta e esforços empreendidos pelos Fóruns EJA e demais instâncias de luta, a EJA, ainda é majoritariamente tratada numa perspectiva compensatória. Esse é um estigma cristalizado no período da ditadura militar e reforçado pelo tratamento atribuído à mesma nas duas primeiras décadas da redemocratização, tornando-se central o rompimento com a herança do período em que os governos a ofertava no formato de campanhas ou por ação de suplência.

Há, portanto, no imaginário da sociedade brasileira, vários conceitos que se cristalizaram a partir das experiências do Mobral e ensino supletivo, como, por exemplo, a ideia de que o(a) estudante jovem e adulto(a) que retorna à escola tem pressa e, por isso, precisa de "um curso rápido e fácil" para receber sua certificação, o que justifica a oferta de cursos sem muita exigência no processo de avaliação.

Outra concepção corrente é a de que os(as) estudantes não querem saber de nada, por isso não é necessário se preocupar com a qualidade do que vai ser ofertado; inclusive os(as) mais jovens são os(as) que em geral são tachados(as) de indisciplinados(as) e desinteressados(as). Há ainda aquela ideia de que todos(as) os(as) que passaram pelo Mobral e pelo supletivo — ou estão nos cursos noturnos — são sujeitos com "conhecimentos menores".

Esse discurso sombreia a negação de direitos e a exclusão social a que estão sujeitos os(as) jovens e adultos(as) que não conseguiram concluir os estudos básicos, o que muitas vezes faz aflorar culpas e vergonhas por não deterem o conhecimento, ou não terem se esforçado o bastante, negando o processo de exclusão que lhe usurpou ou dificultou o acesso à escola.

No bojo do enfrentamento, a compreensão de que para a atuação na EJA não são necessários conhecimentos específicos; são identificados avanços na tentativa de configurá-la como campo específico[2] de responsabilidade pública, porém seus sujeitos são múltiplos, sendo o campo da EJA fragmentado e de natureza incomum, o que dificulta a constituição de uma identidade única.

No âmbito da formação inicial, as novas Diretrizes do curso de Pedagogia, aprovadas em 2006, fortaleceram o papel do Pedagogo na Educação de Jovens e Adultos; porém, o desafio de atuar nesse campo continua presente para pedagogos(as) e licenciados(as) concluintes, sendo o engajamento destes na EJA mais fruto do contexto escolar do que uma decisão de carreira.

A necessidade de complementar carga, a ideia de que os(as) estudantes da EJA exigem menos do(a) professor(a), ou ainda de que sobre a EJA recaem menos cobranças faz com que alguns profissionais arrisquem-se a improvisar a docência neste campo.

Por outro lado, aqueles(as) que optam pela EJA por convicções, ideais e pela compreensão e identidade com seus sujeitos se deparam com um contexto inapropriado para a prática docente, não sendo tratados(as) igualitariamente com os das demais etapas e modalidades da Educação Básica.

---

2. O I e II Seminários de Educadores de Jovens e Adultos demonstraram a preocupação e relevância da temática para os atores da EJA (MACHADO, 2008).

Ferreira (2008) afirma:

> o poder público dispensa a esse segmento um tratamento marginal, relegando-o, assim, como a modalidade à qual ele pertence, a uma posição inferiorizada na hierarquia educacional. (p. 135)

Apesar do Parecer MEC/CNE/CEB n. 11/2000 estabelecer que a EJA não demanda "um professor aligeirado ou motivado pela boa vontade ou por um voluntarismo idealista", mas sim "um docente que se nutra do geral e também das especificidades que a habilitação com formação sistemática requer" (BRASIL, MEC/CNE/CEB, 2000, p. 56), a concretude revela que a legislação não se fez cumprida.

Assim, apesar dos relativos avanços, a EJA continua a ser marcada pela docência improvisada, resultando em estudantes desprovidos(as) de conhecimento e desrespeitados(as) em seus direitos.

Nesse cenário, a ação da sociedade civil organizada, com destaque para os Fóruns de EJA, os quais têm se caracterizado enquanto espaço de formação, discussão e fortalecimento do campo, tem conquistado visibilidade e impulsionado políticas de fomento e qualificação das políticas educacionais para a EJA.

Machado (2008) destaca, entre as preocupações debatidas no Fórum e nos Encontros Nacionais de Educação de Jovem e Adultos (ENEJA), a necessidade de criação de uma rede de formação e pesquisa; investimento da esfera pública, em formação inicial e continuada específica para EJA; acesso dos(as) professores(as) às universidades; criação de mecanismos que viabilizem o processo de formação inicial e continuada, por meio de parceira entre as redes públicas e as instituições de educação superior.

Neste cenário, o papel da VI CONFITEA (2009) teve destaque, pois durante o processo preparatório, os esforços canalizados para a estruturação de um diagnóstico da EJA que expressasse a realidade educacional brasileira tornou manifesto o que já era de conhecimento empírico: dentre os diversos desafios identificados, destacaram-se os problemas enfrentados pela modalidade no que tange à falta de um corpo docente habilitado e oportunidades de profissionalização:

> a falta de oportunidades de profissionalização e de formação para educadores tem um impacto negativo sobre a qualidade da oferta de aprendizagem e educação de adultos, assim como o empobrecimento do ambiente de aprendizagem, no que diz respeito a equipamentos, materiais e currículos. (DECLARAÇÃO DE EVIDÊNCIA, BRASIL, 2010)

Porém, se, por um lado, a preocupação com a formação ganha visibilidade, por outro, preocupa-nos a questão: formação para quê? Tal questionamento se sustenta, pois se a formação de professores(as) para atuação na EJA ainda se constitui na precariedade, qual fôlego haverá para não sucumbir às investidas do capital em formar para a empregabilidade, e restringir a Educação de Jovens e Adultos a políticas sociais de cunho compensatório?

Apesar de serem reconhecidos os avanços e a intencionalidade política e pedagógica na tentativa de configurar a EJA como um campo específico de responsabilidade pública, Soares (2008) destaca que a preocupação com a necessidade de métodos, conteúdos e preparação adequada para se trabalhar com adultos se faz presente desde a primeira Campanha Nacional de Educação de Adultos — 1947, mas, apesar dessa demanda histórica, a instituição da EJA como um campo pedagógico específico é relativamente recente, e a formação para este insuficiente.

A precariedade com que a EJA é tratada no contexto escolar, aliada a um momento histórico no qual a gestão e os índices educacionais tornam-se mais relevantes do que os processos educativos, não se delineia um cenário promissor para essa

Educação de jovens e adultos 71

modalidade. Porém, as lutas populares, suas conquistas e o fortalecimento do controle social vêm sendo campo de resistência, contribuindo para essa área a ser compreendida e respeitada em seu potencial.

2. FORMAÇÃO PARA UMA PRÁTICA DOCENTE INCLUSIVA

Assinalados alguns desafios da formação dos(as) professores(as) atuantes na EJA e compreendendo a dimensão histórica da modalidade, marcada por avanços e retrocessos, idas e vindas, os quais, segundo Ferreira (2008) faz com que a formação de professores(as) seja uma discussão recorrente, presente no cenário brasileiro desde os idos da década de 1950, passamos a refletir sobre a formação dos(as) professores(as) para uma prática inclusiva na EJA.

O debate em torno de uma educação inclusiva favorece para que a escola seja compreendida em seu potencial democrático, como espaço de participação e aprendizagem. Essa compreensão, sabemos, não esteve sempre presente no cenário educacional.

Souza e Rodrigues (2007), ao historiar a educação especial, no marco da qual se fortaleceu a perspectiva de uma educação inclusiva, destacam quatro momentos: a) fase da exclusão; b) fase da segregação institucional; c) fase da integração; d) fase da inclusão, sendo caracterizada pela compreensão e pelo fortalecimento de práticas de respeito às deficiências, dificuldades e desvantagens de aprendizagem.

No âmbito da EJA, a inclusão social e o enfrentamento às marcas da exclusão são discussões presentes na luta pelo acesso ao conhecimento historicamente produzido; porém, a essa luta soma-se a necessidade de transpor barreiras que compreendem a diferença como fator menor e passem a compreendê-la em seu potencial promotor de igualdade e justiça social.

Abrir-se para uma prática pedagógica inclusiva exige compreender a Educação como direito humano e em sua dimensão e capacidade de equalização de oportunidades, bem como considerar e respeitar a diferença e a diversidade dos(das) estudantes jovens e adultos(as). Isto significa desafiar governos e escolas a incluir a todos(as) independentemente de suas condições físicas, sociais, linguísticas ou outras, garantindo o acesso, a aprendizagem, a socialização e a permanência.

A Declaração de Evidência (2010) afirma a relevância da educação inclusiva para a realização do desenvolvimento humano, social e econômico, confirmando serem imprescindíveis tomadas de medidas que assegurem contextos de aprendizagem atraentes e sensíveis às necessidades dos(as) jovens e adultos(as) como cidadãos(ãs) ativos(as).

Pensar uma prática pedagógica inclusiva coloca na pauta das políticas de formação a necessidade de pensar as especificidades dos(as) professores(as) atuantes na EJA, como também a necessidade de incorporar a essas temáticas que promovam uma educação livre de qualquer tipo de discriminação.

Nessa perspectiva, ganha relevância no âmbito da EJA a Educação em Direitos Humanos, por afirmar e promover o enfrentamento das múltiplas negações de direitos, contrapondo-se a toda e qualquer forma de exclusão.

Assim, a Educação em Direitos Humanos encontra-se com a Educação de Jovens e Adultos, em um movimento complementar e recíproco. Apesar das experiências brasileiras no campo da EDH, assim como da EJA, encontrarem seu nascedouro nos movimentos sociais organizados, somente na última década têm conquistado espaço enquanto políticas públicas de Educação,

Educação de jovens e adultos

tendo como objetivo comum reparar as negações históricas, o reconhecimento ontológico de todo ser humano, a formação para a cidadania ativa e a promoção de uma cultura pautada por preceitos de igualdade, respeito às diferenças e justiça social.

Quando analisados os tópicos presentes na Educação não formal de jovens e adultos(as), é mais frequente a presença de conteúdos referentes aos direitos humanos, cidadania, democracia, empoderamento das mulheres, direito à saúde, sustentabilidade socioambiental, entre outros. Porém, ao nos debruçarmos sobre as salas de aula de EJA, verificamos que as temáticas da EDH ainda não fazem parte do cotidiano das escolas, sendo preponderante o currículo prescrito homogeneizante, desvinculado da concretude e multiplicidade de vida de seus sujeitos.

O PNEDH (2006) aponta a relevância da presença da Educação em Direitos Humanos tanto no âmbito da educação não formal como no da educação formal. No que diz respeito ao primeiro, o Plano assinala um conjunto de princípios que devem orientar as linhas de ação na área:

> a) mobilização e organização de processos participativos em defesa dos direitos humanos de grupos em situação de risco e vulnerabilidade social, denúncia das violações e construção de propostas para sua promoção, proteção e reparação; b) instrumento fundamental para a ação formativa das organizações populares em direitos humanos; c) processo formativo de lideranças sociais para o exercício ativo da cidadania d) promoção do conhecimento em direitos humanos; e) instrumento de leitura crítica da realidade local e contextual, da vivência pessoal e social, identificando e analisando aspectos e modos de ação para a transformação da sociedade; f) diálogo entre o saber formal e informal acerca os direitos humanos, integrando agentes institucionais e sociais; g) articulação de formas educativas diferenciadas, envolvendo o contato e a participação direta de agentes sociais e de grupos populares. (BRASIL, MEC, SEDH, 2006a, p. 31-2)

Por sua vez, com a publicação das Diretrizes Nacionais para a Educação em Direitos Humanos (BRASIL, MEC/CNE, 2012), passa a ser de responsabilidade dos sistemas de ensino e suas instituições a promoção de uma educação para a transformação e a mudança social, tendo como princípios:

> "I — dignidade humana; II — igualdade de direitos; III — reconhecimento e valorização das diferenças e das diversidades; IV — laicidade do Estado; V — democracia na educação; VI — transversalidade, vivência e globalidade; e VII — sustentabilidade socioambiental." (BRASIL, MEC, SEDH, 2006a, p. 1-2)

Dessa maneira, passa a ser função das universidades brasileiras, principalmente as públicas, uma política que institua temáticas de caráter interdisciplinar e transdisciplinar nos cursos ofertados, buscando conciliar teoria e prática na articulação com os demais agentes sociais de defesa dos direitos humanos, com a intenção de formar profissionais capazes de agir para além do conteúdo de área específica e em prol de uma sociedade mais justa.

Ao nos depararmos com o desafio da formação de professores(as) para atuação no âmbito da EJA, acrescemos a preocupação de refletir sobre como as diretrizes e princípios da EDH serão incorporados ao processo formativo destes sujeitos, quer em sua formação inicial ou continuada.

Como apontado anteriormente, as políticas de EDH são recentes, sendo os documentos norteadores da produção da última década. No caso da EJA, os fundamentos para uma formação específica, passados mais de 15 anos da publicação da LDB n. 9.394/1996 e 12 anos da publicação das Diretrizes Nacionais para a Educação de Jovens e Adultos (BRASIL, MEC/CNE/CEB, 2000), ainda se constitui como campo em construção, acontecendo predominantemente em cursos genéricos, com formadores generalistas.

Educação de jovens e adultos 75

Portanto, ao refletirmos sobre a formação de professores(as) para atuação na EJA em coerência e concordância com os princípios da EDH, devemos atentar para questionamentos polarizantes que problematizam se tratar da Educação de Jovens e Adultos na EDH ou da Educação em Direitos Humanos na EJA.

Esta discussão é inócua, pois os desafios contemporâneos conclamam a ruptura com a segmentação, pois não se trata de uma ou outra Educação, mas de uma única Educação, compromissada com enfrentamento às desigualdades, à injustiça socioambiental e com a promoção de uma educação de qualidade social para todos(as).

A identidade da EJA, em uma perspectiva democrática, firma a importância de uma prática pedagógica emancipatória e propulsora de transformações. Seus sujeitos são essencialmente cidadãos(ãs) que não tiveram o direito à educação, e tantos outros assegurados em outras fases da vida. Portanto, a Educação em Direitos Humanos na EJA não a descaracteriza, mas fortalece seu diálogo com a perspectiva inclusiva de educação.

Em um momento em que a EJA, frente às pressões do mercado, é chamada a restringir-se à preparação para o trabalho, a EDH estimula que esta dialogue com o mundo do trabalho, não se restrinja à preparação de mão de obra. Ou seja, longe de uma formação pragmática, restrita aos interesses do capital, a EDH tem como potencial a formação de sujeitos que compreendam e atuem em um mundo para si.

Nessa direção, a EDH, resguardada sua heterogeneidade, se coaduna com a identidade da EJA. Objetiva a formação para o reconhecimento do papel dos(as) cidadãos(ãs) na conquista de seus direitos, tendo, dentre seus objetivos, a construção de uma sociedade que reconheça o outro em seus direitos e promova o sentimento de coletividade, pertencimento e o respeito às diferenças.

Frente à relevância da presença da EDH nos processos formativos de profissionais atuantes na EJA, não é nossa intenção discutir a trajetória histórica do campo da formação dos(as) professores(as) atuantes na EJA, nem abarcar o amplo debate em torno da inserção da EDH nos programas de formação inicial e continuada, mas favorecer a reflexão sobre as possibilidades de diálogo entre esses campos de conhecimento.

Portanto, pensar a formação dos sujeitos atuantes nessa modalidade envolve refletir sobre a formação inicial, continuada, extensão, pós-graduação, produção de obras didáticas e literárias, materiais de apoio pedagógico e inclusive a formação de educadores(as) leigos(as).

Neste momento não é nosso objetivo aprofundar o debate em torno desses diferentes níveis e modalidades de formação, apesar de ser explícita a deficiência das capacitações pontuais e cursos aligeirados, bem como da parca presença, quando não total ausência, na graduação e pós-graduação, registrando-se, no início do terceiro milênio, pouco mais de 1% dos cursos de formação docente ofertantes de habilitação específica para atuar nessa modalidade da educação básica. (DI PIERRO, 2010)

> Segundo os dados do INEP de 2002, das 519 Instituições de Ensino Superior (IES) brasileiras que ofertam o curso de Pedagogia e que foram avaliadas pelo Exame Nacional de Cursos, apenas 9 (1,74%) oferecem a habilitação de EJA: 3 na região Sul, 3 na Sudeste e 3 na região Nordeste (MEC/INEP, 2002). Os dados de 2005 revelam que houve aumento, ainda que pouco expressivo, do número de instituições que oferecem a habilitação de EJA para os cursos de Pedagogia: das 612 contabilizadas, 15 oferecem a habilitação (2,45%) e dos 1.698 cursos, há 27 ofertando essa formação específica (1,59%). (SOARES, 2008, p. 86)

Comerlato (s/d.) destaca que os sujeitos da EJA são majoritariamente oriundos de grupos sociais de baixo poder econômico,

Educação de jovens e adultos 77

tendo em comum a pobreza e a negação de direitos, sendo possuidores de uma cultura e linguagem própria, expressão de sua realidade social ou de seu grupo.

> Adultos ainda oriundos do meio rural, jovens da periferia urbana que frequentaram a escola às vezes sem muita regularidade, sujeitos multirrepetentes, sujeitos expulsos da escola, e mulheres de meia-idade, com os filhos crescidos, que pouco ou nenhum acesso tiveram à escola. Tem-se, ainda, portadores de necessidades especiais excluídos do ensino regular ou oriundos das escolas especiais, portadores de pequenas deficiências físicas ou mentais que também não obtiveram lugar ou sucesso na escola para crianças, enfim, uma gama de excluídos de toda sorte. (s/p.)

Reconhecer o lugar de onde se fala e a trajetória de vida desses sujeitos são relevantes para o início de qualquer prática em EJA. Ao se pensar a Educação em Direitos Humanos em EJA, salientamos a relevância do processo de reconhecimento não se efetivar a partir da valorização do sujeito em si, mas de possibilitar aos(as) estudantes perceberem na sua história a marca da negação dos direitos. Negação essa que não se resume a um indivíduo, mas que possibilita a assunção de sua identidade enquanto classe social, raça, etnia, gênero. Portanto, que potencializa a sua identidade coletiva.

As pedagogias do "aprender a aprender" valorizaram o *slogan* "aprender para a vida". No caso da educação de jovens e adultos, podemos falar de sujeitos que já aprenderam com a vida e esse aprendizado lhes ensinou que do local de onde falam poucos são os direitos assegurados e muitas as lutas a serem travadas em busca de sua positividade.

Porém esses sujeitos, muitas vezes despossuídos do conhecimento sobre seus direitos e mecanismos de exercício da cidadania ativa, chegam às escolas para adquirirem o conhecimento socialmente valorizado. É a partir daí que professores(as) atuantes na EJA têm a oportunidade de contribuir com o processo de humanização.

O conhecimento do sujeito da EJA é condição fundamental para a docência nessa modalidade; porém a formação exige conhecimentos educacionais específicos sobre currículo, aprendizagem de jovens e adultos(as), metodologias, avaliação, entre outros pontos.

A experiência em formação de professores(as) de jovens e adultos(as) tem revelado que dentre as inúmeras qualificações necessárias aos profissionais da EJA o comprometimento com um outro mundo possível se faz imprescindível. Nessa direção, Comerlato (s/d.) afirma que toda formação de professores(as) e educadores(as) leigos(as) deve pautar-se por uma prática que reconheça e utilize os saberes e as histórias de vida dos(as) próprios(as) educadores(as), que potencialize suas reflexões críticas e suas inserções sociais, que proporcione vivências capazes de aguçar a capacidade investigativa e o compromisso com os grupos populares, e que, acima de tudo, respeite-os(as) como seres humanos: respeite suas ideias, seus posicionamentos, suas leituras de mundo, seus sentimentos.

Moura (2009), discutindo a improvisação docente na EJA, salienta a complexidade do ato docente e, em especial, a relevância do compromisso e preparação dos(as) profissionais para atuarem nesta modalidade. Para a autora, a prática pedagógica dos(as) professores(as) atuantes na EJA revela o despreparo para a compreensão do contexto e historicidade, bem como denunciam o desprovimento de uma didática para o aluno(a)-trabalhador(a).

> Na maioria das vezes, os professores utilizam o mecanismo da reprodução do seu processo de escolarização para determinar a metodologia de trabalho nas salas de EJA. Não possui os fundamentos que lhes per-

mitam incluir referenciais teórico-metodológicos próprios à área. (MOURA, 2009, p. 46)

Historicamente, o(a) profissional atuante em EJA vem sendo arregimentado em contextos diversos e, como são exíguas as seleções específicas, a entrada nessa modalidade, na maioria das vezes, se faz atrelada a questões pessoais, muitas vezes relacionadas aos(as) profissionais com pouca experiência na modalidade, os(as) quais não apresentam identidade ou preparação para atuação junto à diversidade de sujeitos presentes em turmas de EJA.

Assim, os(as) professores(as) atuantes nessa modalidade carregam o estigma de possuidores(as) de um conhecimento inconsistente e de baixa qualidade teórica, para o qual as políticas públicas não têm conseguido assegurar uma formação inicial de qualidade e muito menos continuada.

Apesar das fragilidades e inconsistências da formação desses(as) profissionais, realizada por meio de capacitações pontuais ou cursos aligeirados, é comum identificarmos a opção de atuação na EJA ser identificada como uma opção de sujeitos que atuam nas frestas de resistência, nos espaços de contradição do sistema educacional. Desses(as) profissionais, é exigido conhecimento de área específica, conhecimento legal, conhecimento metodológico, conhecimento teórico, atuação cidadã, engajamento com a comunidade, conhecimento das(os) estudantes, habilidades para a inclusão digital e cumprimento de metas estabelecidas pelos sistemas educacionais, dentre outras exigências.

Nesse contexto, não temos dúvidas de que uma prática qualificada não se efetiva sem esses saberes, mas, por outro lado, esses não se estruturam apenas na relação com a prática, mas demandam políticas de formação. Moura (2009), como apontado antes, provocou a reflexão sobre a parca habilitação e qualificação e a necessidade de compreender que escolarizar é um ato de conhecimento e, portanto, uma tarefa complexa.

Compreendemos que a função da Educação de Jovens e Adultos, enquanto serviço público, vincula-se à inclusão do conjunto de brasileiros(as) historicamente vulnerabilizados(as), urge políticas de formação inicial e continuada centradas na perspectiva e princípios de uma educação inclusiva, para a qual a EDH apresenta princípios estruturantes.

3. A INTEGRAÇÃO CURRICULAR COMO PRÁTICA EM EDUCAÇÃO EM DIREITOS HUMANOS

Ao pensarmos no currículo da EJA, remetemo-nos às Diretrizes Curriculares Nacionais para a Educação de Jovens e Adultos (BRASIL, MEC/CNE/CEB, 2000), a qual estabelece norteamento obrigatório para a educação formal e referência para processos formativos extraescolares.

O referido documento expõe a necessidade de considerar as especificidades das situações e os perfis dos(as) estudantes com vistas a promover modelos pedagógicos que assegurem a equidade; respeito à diferença entre os sujeitos; proporcionalidade dos componentes curriculares, tanto por meio do ensino presencial, semipresencial, à distância e exames de conclusão.

Refletir sobre as diretrizes, em um momento no qual as Convenções Internacionais e Tratados dos quais o Brasil é signatário elevaram o direito à educação de todos(as) de um direito de cidadania nacional para um direito humano (Parecer MEC/CNE/CEB n. 6/2010) proporciona um olhar mais atento sobre as fundamentações conceituais, norteamentos pedagógicos e critérios de seleção/organização dos conhecimentos socializados na escola.

Atrelados a esse debate e no bojo da discussão sobre a inserção dos conhecimentos concernentes à Educação em Direitos Humanos na organização curricular da Educação Básica, quer seja por meios transversais, disciplinares, integradores ou ecléticos, passaremos a problematizar e diferenciar concepções subjacentes ao ideário propulsor da integração curricular e organização curricular nas instituições educativas.

Com algumas exceções, o currículo escolar nas diversas modalidades e etapas da Educação Básica organiza-se de acordo com áreas disciplinares distintas, herdeiro de um período histórico no qual a função social da escola era preparar as classes mais favorecidas para ingresso nas universidades, ou adaptar os(as) trabalhadores(as) às exigências do modelo taylorista/fordista[3] de organização do trabalho.

Ventos reformadores, com sotaque espanhol, sopraram sobre o sistema educacional brasileiro nos anos 1990, ganhando força o discurso da necessidade de fomento a novas maneiras de pensar e repensar a escola, o currículo e a prática pedagógica, impulsionados pelas políticas educacionais conduzidas pelo Ministério da Educação.

> Enfim, o que se tem aprendido com um currículo que fragmenta a realidade, seus espaços concretos e seus tempos vividos? Trata-se de um modelo disciplinar direcionado para a transmissão de conteúdos específicos, organizado em tempos rígidos e centrado no trabalho docente individual, muitas vezes solitário, por falta de espaços que propiciem uma interlocução dialógica entre os professores... É com esse cenário

---

3. O taylorismo/fordismo configura uma forma de organização dos processos de trabalho, a qual exige dos trabalhadores(as) um cumprimento rigoroso de normas operatórias, prescrição de tarefas e disciplina no seu cumprimento (KUENZER, 1998). Fundamentado na racionalização do trabalho e no controle do trabalhador(a), teve Frederick Taylor (1856-1915) como seu percursor.

que as escolas são convidadas a pensar sobre outra perspectiva, para provocar mudanças no tradicional modelo curricular predominante em grande parte das escolas de nosso país. (BRASIL, MEC/SEB, 2004)

Nesse contexto, a integração curricular foi apontada como um importante elemento para a inovação da prática pedagógica, principalmente no que diz respeito às propostas de seleção e organização dos conteúdos, bem como de metodologias e práticas pedagógicas promotoras de competências e habilidades.

Em um cenário propenso às inovações, apresentou-se crescente a crítica aos modelos de currículo organizados em disciplinas dispostas de modo fragmentado e sem correlação, sendo apontadas como urgente a necessidade de repensar o ensino tradicional e o modelo clássico da escola por meio de propostas mais dinâmicas, mais próximas à realidade dos(as) estudantes, envolvendo-os(as) efetivamente no processo educativo, formando para a vida.

Este ideário circulante entre os(as) educadores(as) ganhou aura de vanguarda, sendo a integração curricular associada a um novo paradigma no qual a organização dos conteúdos a serem apreendidos no contexto escolar deveria ocorrer de acordo com a realidade dos(as) estudantes e a partir de situações, temas ou ações os quais assegurassem a motivação.

Os materiais circulantes nos meios midiáticos à época, acessíveis a boa parte do(as) educadores(as), em sua grande maioria, apresentavam a integração curricular sem fundamentação teórica e por meio de um discurso mais próximo de técnicas de venda (convencimento pelo desejo gerado) do que favorecedor de efetiva reflexão sobre a materialidade histórica na qual os(as) trabalhadores(as) da educação efetivam seu trabalho.

Em geral, a integração curricular foi apresentada por meio de esquemas dualistas, como algo distinto da concepção tradi-

Educação de jovens e adultos

cional, induzindo à falsa percepção de que a adesão a seus pressupostos seria condição para mudanças na Educação.

Estudos realizados no período (CAPUCHO, 2008),[4] permitiram identificar alguns argumentos, circulantes entre os(as) professores(as), favoráveis ao enfoque integrador em educação e contrários à fragmentação disciplinar, como pode ser observado no quadro a seguir.

QUADRO COMPARATIVO
ENFOQUE DISCIPLINAR E ENFOQUE INTEGRADOR

	Enfoque disciplinar	Enfoque integrador
Currículo	Fragmentado, centrado na transmissão de conteúdos	Articulado, centrado na resolução de problemas significativos
Conhecimento	Acúmulo de fatos e informações isoladas	Instrumento de compreensão e intervenção na realidade
Educador	Detentor do conhecimento	Mediador do conhecimento
Estudante	Dependente, receptor passivo de conteúdos	Ativo, detentor de capacidades para resolução de problemas
Conteúdo	Compartimentado	Contextualizado
Tempo/Espaço	Rígido e estático	Flexível
Prática	Centrada na repetição e memorização	Centrada na resolução de problemas e no desenvolvimento de habilidades e competências

A análise dos argumentos citados permite verificar como a informação muitas vezes foi apresentada aos(as) educadores(as)

---

4. Capucho, Vera A. C. *Naus Espanholas em terras brasileiras em tempos de ventos neoliberais*: a concepção globalizadora em educação e a formação para a cidadania. Dissertação (Mestrado) — PPGE/UFPE, Recife, 2008.

de maneira sedutora, camuflando, por exemplo, a compreensão de que as aparentes diferenças entre a proposta de um currículo organizado por disciplinas e de um currículo integrado não estão necessariamente atreladas às propostas de sociedade profundamente distintas ou mesmo a serviço do capital em seu momento de reestruturação.

A dicotomia entre uma proposta tradicional de educação e outra revestida de caráter liberal, foi analisada por Saviani (2007), o qual aponta que a primeira serviu à consolidação da democracia burguesa tornando possível transformar súditos em cidadãos, e a segunda nasceu atrelada à ideia da escola servir como espaço de ajuste e adaptação dos indivíduos à sociedade, diferindo, portanto, nos meios, mas conservando o projeto de sociedade e de Homem necessários à reprodução do capital.

O discurso unilateral em prol da integração curricular deslocou o campo educacional do eixo da preocupação política (relativo à sociedade em seu conjunto) para o âmbito técnico-pedagógico (relativo ao interior da escola), desqualificando aqueles que resistiam à adesão. Sobre esses recaiu o discurso da incapacidade de se adaptar as novas exigências postas à educação do século XXI, negando a possibilidade de tal proposta apresentar limites.

Tal posicionamento é revelador dos objetivos subjacentes ao projeto de Educação apresentado à sociedade brasileira naquele momento, o qual se *alimentou* do discurso da desqualificação da classe docente, da negação da importância do estudo das filiações históricas e filosóficas, e da rejeição a experiências pedagógicas compromissadas com a emancipação humana.

Assim como a década de 1990 foi marcada pelo discurso único o qual apontou a mundialização do capital como necessidade inexorável, revelando o neoliberalismo como ápice e solução para os anseios humanos, a Educação foi convocada à formação

Educação de jovens e adultos 85

de um novo trabalho, mais comprometido com a organização e a produtividade, e neste cenário a integração curricular foi apontada como possibilidade para uma nova organização do conhecimento trabalhado no contexto escolar.

Apesar da aura da inovação ter revestido as propostas de integração curricular emergentes nos anos 1990, salienta-se que as mesmas apresentam fundamentos e pressupostos atrelados a uma concepção liberal de educação, que tem suas raízes no século XIX, comprometidos com padrões de acumulação do capital e de relações sociais as quais contribuem para uma contínua adaptação dos sujeitos a ordem vigente.

O esvaziamento teórico do debate em torno da educação propiciado pelos mecanismos oficiais e midiáticos favoreceu que a integração curricular ganhasse espaço nas escolas brasileiras como novidade indispensável à qualificação da educação, destituída de historicidade e apenas em sua vertente liberal.

Porém, é necessário se desejamos e acreditamos na possibilidade de uma educação de qualidade social para todos(as), não ficarmos presos a modismos, pois

> [...] a moda não é o modo, mas apenas uma escolha, num modo, ou fora dele, daquilo que é previamente escolhido como comportamento a adotar. O modo é a forma como as coisas se dão ou se podem dar dentro de uma lógica existencial. A moda é instrumental a preocupações interesseiras, tendentes a falsear essa lógica existencial. (SANTOS, 1998, p. 17)

Romper com a "moda" e fazer escolhas não alienadas requer promover discussões em torno da educação de maneira mais ampla, pois

> [...] a educação formal, compreendendo os três níveis, a despeito da diferença entre ensino público, privado, leigo e religioso, contribui

decisivamente para a formação cultural do indivíduo e da coletividade, compreendendo as condições de transformação da população em povo, sendo este uma coletividade de cidadãos; todos os seres sociais em condições de se inserirem nas mais diversas formas de sociabilidade e nos mais diversos jogos de forças sociais. (IANNI, 2005, p. 32)

Enquanto alguns propagadores se apressaram em apresentar a integração curricular como novidade e inovação educacional, estudos históricos revelam que a ideia não é nova. Ela remonta a ideais pedagógicos que ganharam projeção no início do século XX, quando se falava em ensino global, sendo objeto de estudo e proposição de diferentes tendências ideológicas, e dentro da tradição liberal são apontadas as propostas de Kilpatrick[5] e Decroly,[6] entre outros.

Assim, diferente do alardeado a proposta de integração curricular apresentada como inovadora não o é, pois, apesar de suas diferentes vertentes e matizes, esteve presente ao longo de todo século XX, sob forte influência do pensamento escolanovista, o qual foi introduzido e disseminado no Brasil principalmente por Anísio Teixeira e Lourenço Filho.

De acordo com Santomé (1998), além do método de projeto de Kilpatrick, e dos centros de interesse, de Decroly, podem ser destacados dentre as filiações de matiz liberal as Unidades Di-

---

5. William Kilpatrick (1871-1965) foi discípulo de Dewey e desenvolveu o método de projetos, os quais classificou em: a) projeto de produção; b) projeto de consumo; c) projeto para resolver um problema e d) projeto para aperfeiçoar uma técnica. No Brasil, seu livro *Educação para uma civilização em mudança* teve grande circulação no meio educacional durante a primeira metade do século XX.

6. Ovídio Decroly (1871-1932), médico belga, desenvolveu o método de centro de interesses, o qual partia da ideia da globalização do conhecimento. Para ele, existem 6 *centros de interesse* que poderiam substituir os planos de estudo construídos com base em disciplinas: a) a criança e a família; b) a criança e a escola; c) a criança e o mundo animal; d) a criança e o mundo vegetal; e) a criança e o mundo geográfico; f) a criança e o universo.

Educação de jovens e adultos 87

dáticas propostas por Morisson[7] e, nos anos 1990, no contexto espanhol destacamos a projeção da pedagogia de projetos de trabalho de Hernández,[8] a qual ganhou grande espaço entre os(as) professores(as) brasileiros(as).

Considerando que a integração curricular foi apresentada predominantemente, em sua vertente liberal, cabe retomar os estudos críticos de Saviani (2007), os quais trouxeram à tona limites e contradições deste referencial, uma vez que ao buscar diferenciar-se do Ensino tradicional a Escola Nova:

> tentou articular o ensino com o processo de desenvolvimento da ciência, ao passo que o chamado método tradicional o articulava com o produto da ciência. Em outros termos, buscou considerar o ensino como um processo de pesquisa. Com esta forma de interpretar a educação, a Escola Nova acabou por dissolver a diferença entre pesquisa e ensino, sem se dar conta que assim fazendo, ao mesmo tempo em que o ensino era empobrecido, inviabilizava-se também a pesquisa. O ensino não é um processo de pesquisa. Querer transformá-lo num processo de pesquisa é artificializá-lo. (SAVIANI, 2007, p. 45-6)

Os limites da integração curricular, em sua vertente liberal, não justificam ser a fragmentação o caminho para formação integral do ser humano, ao contrário, esta proposta também corrobora com o distanciamento da compreensão da realidade em sua complexidade.

---

7. Henri C. Morrison. Desenvolveu o método das unidades didáticas, o qual propõe distinção primordial entre três tipos de unidades: a) unidade-matéria: um tópico, uma generalização; b) unidade experiência: um centro de interesse, um propósito, uma necessidade do aluno; c) unidade-mista: uma atividade de descoberta e verificação normativa e crítica.

8. Fernando Hernández, educador espanhol, defende a organização do currículo por projetos, em virtude do projetos favorecerem o desenvolvimento da consciência do processo de aprendizagem.

Assim, na tentativa de compreender o papel da integração curricular para a estruturação de uma proposta pedagógica centrada na formação para a cidadania ativa se destacaram as tradições as quais contrapõem a vertente liberal.

A escola russa, por exemplo, se opôs à fragmentação do conhecimento, propondo integração do conhecimento escolar, com base na tradição marxista, denunciando o projeto liberal por alijar de seu processo produtivo o caráter reflexivo e o trabalho como princípio educativo, ou seja, ser promotor de alienação, do(da) homem/mulher com o trabalho e com o produto de seu trabalho.

Nessa perspectiva, as contribuições de Krupskaia (1869-1939), Blonsky (1884-1941), Pistrak (1888-1940) são relevantes para a estruturação de propostas de integração curricular que rompam com a perspectiva adaptativa e apontem possibilidades de se organizar o conhecimento e, quiçá uma escola, de maneira a favorecer a formação de um novo ser humano com vista a uma nova sociedade.

Dentro da tradição, destaca-se a proposta da organização do conhecimento por meio dos sistemas de complexos, nos quais os fenômenos são estudados articulados entre si e com nexos com a realidade mais geral, numa interdependência transformadora. Segundo Taffarel (s/d.), a integração curricular por meio de complexos garante a compreensão da realidade de acordo com o método dialético, uma vez que esses embasados no plano social permitiriam aos(as) estudantes, além da percepção crítica real, uma intervenção ativa na sociedade, com seus problemas, interesses, objetivos e ideais.

O sistema de complexos temáticos concentra o conteúdo em torno de três grandes grupos (complexos) de fenômenos: a natureza, o trabalho produtivo e as relações sociais. E a partir des-

Educação de jovens e adultos 89

se referencial questiona a fragmentação do saber e a hierarquização das disciplinas, revelando que, para mudar a escola, não basta alterar os conteúdos nela ensinados, fazendo-se necessário mudar o jeito da escola, suas práticas e sua estrutura de organização e funcionamento. Isso significa mudar concepções, finalidades e objetivos da escola.

Desse modo, apesar de tratar do mesmo objeto, integração do conhecimento, a integração curricular apresenta diferentes vertentes, sendo a matriz russa referência para a passagem de uma concepção fragmentária para uma concepção unitária de conhecimento, de uma proposta individualista para procedimentos coletivos e cooperativos, objetivando não a adaptação à sociedade, mas a formação do(a) homem/mulher integral e a transformação social.

Ao tratarmos da Educação em Direitos Humanos para jovens e adultos(as) e da seleção/organização do conhecimento a ser trabalhado se faz necessária clareza de que esta se caracteriza como educação destinada a mulheres, homens, jovens, idosos(as), quilombolas, indígenas, ciganos(as), analfabetos(as), cidadãos(ãs) com baixa escolaridade.

Fala-se de uma educação destinada a uma diversidade de sujeitos. Porém, fala-se de uma educação, que no Brasil, é destinada majoritariamente aos(as) trabalhadores(as) e às gerações excluídas da escolarização, àqueles(as) que não tiveram assegurado o direito à educação.

Da fase em que a educação dos(as) trabalhadores(as) era ofertada de maneira decomposta e fragmentada, sendo o sujeito considerado como parte do sistema mecânico de produção à atualidade, momento no qual o capital exige uma nova qualificação do tipo polivalente, muitas são as contradições na relação educação e escolarização de jovens e adultos(as).

Segnini (2000) esclarece

a qualificação do trabalhador é uma relação social (de classe, de gênero, de etnia, geracional) muito além da escolaridade ou da formação profissional que se estabelece em uma sociedade regida pelo valor de troca e fortemente marcada por valores culturais que possibilitam a formação de preconceitos e desigualdades. (p. 79)

Nesse contexto, a EDH, ao preconizar uma formação que possibilite o conhecimento dos direitos positivados, mas especialmente por possibilitar a compreensão do papel histórico da classe trabalhadora nos movimentos e nas lutas pelos direitos humanos. E essa educação possibilita expor e confrontar os preconceitos instituídos, revela-se potencialmente interessante uma vez que, uma escola voltada a formação integral não restringe o conhecimento historicamente produzido a um objeto a ser integrado ou fragmentado, mas o compreende como ferramenta para o exercício da cidadania crítica e ativa.

Considerando a possibilidade de estruturação de um currículo que leve em conta a base material da produção da vida, a seleção/organização do conhecimento na área da EDH, em especial no âmbito da Educação de Jovens e Adultos, não pode estar a serviço de uma educação para valores, civismo, direitos e deveres e paz social, como apregoados por alguns especialistas da área.[9] Esses objetivos já estiveram presentes na educação cívica desenvolvida em períodos ardilosos de nossa história.

Conforme esclarecido por Chaves Gamboa (2011), no momento em que uma relação educativa é materializada, está se dando um ato político e está se ajudando a construção de um

---

9. Garrido, José Luis Garcia. *Derechos humanos*: base de la convivencia y de la educación cívica. In: *Formación para la Cidadania*. Barcelona: Ariel Educación, 2008.

Educação de jovens e adultos

tipo de ser humano e um tipo de sociedade. A prática pedagógica em EDH cria possibilidades para identificar na educação suas funções contraditórias, mas também para identificar na sociedade as contradições que afirmam/negam os direitos humanos.

A EDH deve ser desenvolvida compromissada com a superação das contradições, com a promoção de um projeto histórico emancipador, o qual exige a formação de sujeitos cientes de seus direitos e engajados na luta pela transformação concreta do projeto de sociedade hegemônico na atualidade.

Deste modo, como destacado por Silva (2000), o desafio colocado à EDH é contribuir para a formação de cidadãos(as) conscientes, favorecendo o rompimento com a cultura escravocrata, clientelista e patrimonialista que embasa a formação do povo brasileiro, e que permeia as diferentes relações no conjunto das instituições sociais.

Afirmamos que também é desafio para a EDH expor as contradições e quando desenvolvida no âmbito da Educação de Jovens e Adultos resultam na opressão, exploração e negação dos direitos à classe trabalhadora. O que significa dizer que a EDH, compromissada com a promoção da cidadania ativa, se justifica na possibilidade de colaboração para um projeto de sociedade divergente do presente.

Assim sendo, apesar da clareza de que as transformações somente acontecem nas condições concretas que as possibilitam à EDH, é posto o desafio de contribuir para a emergência das contradições. Com essa intenção, na próxima parte faremos uma travessia pela prática pedagógica na Educação de Jovens e Adultos.

3ª PARTE

Igualdade nas diferenças e diferenças

NA DIVERSIDADE

3ª PARTE

Igualdade nas
diferenças e diferenças
NA DIVERSIDADE

IGUALDADE NAS DIFERENÇAS E DIFERENÇAS NA DIVERSIDADE

1. CONTEXTOS MÚLTIPLOS, PRÁTICAS COMPROMISSADAS

Ao pensar em práticas pedagógicas de Educação em Direitos Humanos a serem desenvolvidas na Educação de Jovens e Adultos é necessário considerar que estamos tratando de processos de ensino e aprendizagem a serem desenvolvidos em contextos múltiplos. No marco da Declaração de Hamburgo (1997), significa abarcar

> "todo processo de aprendizagem", formal ou informal, em que pessoas consideradas adultas pela sociedade desenvolvem suas capacidades, enriquecem seu conhecimento e aperfeiçoam suas qualificações técnicas e profissionais, ou as redirecionam, para atender suas necessidades e as de sua sociedade. A educação de adultos inclui a educação formal, a educação não formal e o espectro da aprendizagem informal e incidental. (DECLARAÇÃO DE HAMBURGO, art. 3º, 1997).

A amplitude da Educação de Jovens e Adultos, em si já é um repto, e mesmo quando pensada em sua dimensão formal, como modalidade da Educação Básica, não podem ser desconsideradas suas especificidades e a pluralidade de sujeitos que dela fazem parte, seus diferentes contextos, linguagens e conhecimentos prévios, sendo obrigatório aos sistemas de ensino assegurar aos "jovens e aos adultos, que não puderam efetuar os estudos na idade regular, oportunidades educacionais apropriadas, consideradas as características do alunado, seus interesses, condições de vida e trabalho, mediante cursos e exames" (BRASIL, MEC/LDB n. 9.394/1996, art. 36, § 1º).

A complexidade de refletir sobre a prática da EDH na EJA traz à tona recomendações destacadas no documento do Marco de Ação de Belém (BRASIL, 2010), o qual revela ampla e longa discussão no campo da EJA. Enfatiza como desafio a necessidade de compreender a educação como um direito de todos(as), um dever e uma responsabilidade do Estado, sendo consequência do exercício da cidadania e também condição para uma plena participação na sociedade.

A dimensão de pensar a EJA no âmbito das políticas públicas acende compromissos a governantes e a sociedade civil, mas não menos desafiador se revela a prática docente em EJA, ainda mais quando chamada a se efetivar de maneira integrada à Educação em Direitos Humanos. Essa deve ser compromissada com a igualdade de direitos, com uma sociedade mais justa, e como efetivo acesso ao conhecimento historicamente produzido e sistematizado.

A busca de metodologias e didáticas adequadas a Educação de Jovens e Adultos que reflitam e respeitem a diversidade dos sujeitos deste segmento educacional não é algo novo. No Brasil desde os anos 1950 esta é uma discussão presente no meio educacional,

Quando Paulo Freire, em Pernambuco, e Moacir de Góes, no Rio Grande do Norte, começaram a desenvolver seus trabalhos de alfabetização, fundamentados em métodos e objetivos que buscavam adequar o trabalho à especificidade dos alunos, começou a emergir a consciência de que alfabetizar adultos requeria o desenvolvimento de um trabalho diferente daquele destinado às crianças nas escolas regulares. As necessidades

Educação de jovens e adultos

e possibilidades daqueles educandos exigiam o desenvolvimento de propostas adequadas a elas. (OLIVEIRA, 2007, p. 85)

Porém, para além da discussão em torno das possíveis práticas de alfabetização de jovens e adultos, hoje o desafio está em pensar práticas pedagógicas pertinentes ao ensino e à aprendizagem dos diferentes conteúdos de área, nas diversas etapas e espaços em que a EJA se desenvolve.

Isso porque primeiramente esses(as) estudantes têm o direito ao conhecimento historicamente produzido, e, segundo, por apresentarem marcas de insucessos no processo escolar, e, consequentemente, fragilidades, e também por serem as práticas pedagógicas pouco significativas[1] um dos fatores que ocasionam a evasão escolar.[2]

Sendo a prática da Educação em Direitos Humanos a prática de uma educação crítica a serviço de uma ordem mais justa, e, no caso, destinada a jovens e adultos(as), destacamos que deverá se diversificar tão qual diversificado seja o público a que se destina: trabalhadores(as), não trabalhadores(as), aposentados(as), juventudes, jovens em medida socioeducativa, populações urbanas, do campo, ribeirinhas, tradicionais, prisional, entre outros.

Porém, a compreensão dos sujeitos da EJA é uma das facetas a serem consideradas, pois pensar a prática da EDH é pensar a práxis política (CANDAU, 1999). Isso requer estudos e aprofun-

---

1. Denominamos práticas pedagógicas significativas aquelas que se fazem articuladas com a realidade cultural, social e econômica dos(as) jovens e adultos(as), em diálogo com a concretude de suas vidas e de maneira integrada aos conteúdos curriculares.

2. Diversas são as razões de ordem social, econômica e pedagógica que concorrem para a evasão na EJA. Importante não reduzir as causas da evasão apenas a fatores pedagógicos e muito menos transformar o(a) estudante em um(a) algoz de si mesmo(a). O enfrentamento à evasão na EJA demanda ações em sala de aula, mas também ações no âmbito das Políticas Públicas de Educação e Seguridade Social.

damentos de pedagogos(as), de especialistas em várias disciplinas que servem de referência à Pedagogia e de estudiosos(as) da prática da EDH, preocupados(as) em desenvolver e compreender o papel da EDH na Educação Básica.

Sabendo ser a Escola um espaço instituído/instituinte e impulsionado/limitado pelas contradições presentes na sociedade, as categorias objetivos gerais/avaliação e conteúdo/forma do trabalho pedagógico, conforme destacado por Freitas (2005), são modulares para a organização e a compreensão do trabalho docente.

Nesse momento, as atenções se concentraram para conteúdo/forma de trabalho pedagógico, pois quando averiguado os conteúdos pertinentes à Educação de Jovens e Adultos, os mesmos devem ser desenvolvidos em consonância com a legislação pertinente à Educação Básica. Dessa forma, a partir da publicação das Diretrizes Nacionais para a Educação em Direitos Humanos (BRASIL, MEC/CNE, 2012) tornar-se-á obrigatória sua incorporação nos diferentes segmentos da EJA.

Isso significa dizer que o conteúdo da EDH deverá ser incorporado a Educação Básica, quer como disciplina ou mesmo integrada às demais disciplinas da matriz curricular e de maneira articulada às Diretrizes Curriculares Nacionais para a Educação Especial (BRASIL, MEC/CNE, 2001), às Diretrizes Curriculares Nacionais para a Educação das Relações Étnico-Raciais (BRASIL, MEC/CNE, 2004), ao dispositivo regulador da Educação Indígena (BRASIL, 2009) e demais legislações referentes a este nível de ensino.

> Todos os professores devem tratar disso, pois os direitos humanos são uma questão central no cumprimento do currículo escolar e deve ser tratado pelo conjunto da escola, objetivando o desenvolvimento da consciência crítica do aluno cidadão. É algo que interessa ao diretor de escola, aos professores, aos alunos, à comunidade educacional (CORDÃO,

apud JINKINGS, 2010, s/p. — Presidente da Câmara de Educação Básica, CNE, 2010).

Desse modo, está posto o desafio de integrar a EDH a Educação Básica e, portanto, à EJA, o que remete à necessidade de pensar a prática pedagógica e, fundamentalmente sua articulação com o currículo escolar.

No que tange à articulação da EDH ao currículo escolar, não há unanimidade quanto à forma como a escola e os(as) professores(as) possam fazer a integração. Apesar de ser reconhecida a dimensão interdisciplinar dos direitos humanos, a sua transposição para a sala de aula é possível em uma dimensão disciplinar, transversal e até mesma numa perspectiva estruturante ou por meio da articulação de diferentes dimensões que devem ser assumidas no Projeto Político-Pedagógico.

> A inserção dos conhecimentos concernentes à Educação em Direitos Humanos na Educação Básica e Superior poderá se dar:
> - pela transversalidade, por meio de temas relacionados aos Direitos Humanos e tratados interdisciplinarmente;
> - como um conteúdo específico de uma das disciplinas já existentes no currículo escolar;
> - de maneira mista, ou seja, combinando transversalidade e disciplinaridade. (BRASIL, MEC/CNE, 2012, p. 19)

São correntes propostas de que a EDH seja incorporada ao currículo escolar por meio de temáticas que discutam questões relativas à diversidade sociocultural ou através de projetos que promovam a cultura de paz e não violência. Tais iniciativas apesar de válidas favorecem que a EDH seja trabalhada pontual e momentaneamente, sem maiores enraizamentos a cultura educacional, restringindo-se a *campanhas* ou *feiras de conhecimento*, sem possibilitar o efetivo acesso ao conhecimento sistematizado no campo da EDH.

As orientações para a EDH apontam que,

> as práticas que promovem os Direitos Humanos deverão estar presentes tanto na elaboração do projeto político-pedagógico, na organização curricular, no modelo de gestão e avaliação, na produção de materiais didático-pedagógicos, quanto na formação inicial e continuada dos profissionais da educação. (BRASIL, MEC/CNE, 2012, p. 17)

Frente à amplitude do desafio, problematizamos algumas proposições para a prática pedagógica da EDH, cientes de que o caminhar pedagógico de uma educação destinada a uma sociedade justa não se faz por meio da fragmentação do conhecimento e nem desassociada do trabalho como princípio educativo.

Apesar dos limites impostos à escola no atual momento histórico concordamos com aqueles que acreditam ser papel dessa instituição possibilitar acesso à cultura material e intelectual produzida pela humanidade, bem como a compreendem como espaço de fortalecimento da democracia participativa.

Uma vez compreendido que a integração da EDH à Educação de Jovens e Adultos é um desafio posto pela luta e previsto em lei, sobressaem novas inquietações. Como desenvolver um processo educativo em Direitos humanos? Quais conteúdos seriam relevantes?

Para Benevides (2000), há um conteúdo óbvio, que decorre da própria definição de direitos humanos e do conhecimento sobre as dimensões históricas, sobre as possibilidades de reivindicação e de garantias etc. No entanto, o ensino da EDH abrange,

> [...] a apreensão dos conteúdos que dão corpo a essa área, como a história, os processos de evolução das conquistas e das violações dos direitos, as legislações, os pactos e acordos que dão sustentabilidade e garantia aos direitos. (BRASIL, MEC/CNE, 2012, p. 20)

Educação de jovens e adultos

A amplitude da EDH não pode significar a perda do horizonte de sua função social. Sem perder a compreensão de que a EDH é um *continuum* e objetivando favorecer aos(as) professores(as) uma maior compressão dos conceitos e temas emergentes no campo da EDH, apresentamos um quadro síntese de possíveis conteúdos a serem trabalhados nessa área. É importante ressaltar que esses são apenas alguns, dentre os muitos conteúdos pertinentes a EDH, não podendo ser confundidos com um Programa Curricular uma vez que as transformações e as reivindicações advindas dos movimentos sociais estão em pleno movimento histórico.

QUADRO 2

Conteúdos relevantes para a Educação em Direitos Humanos

Dimensões Históricas dos Direitos Humanos	Direito à educação
Dignidade da pessoa humana	Direito dos povos indígenas
Declaração Universal dos Direitos Humanos	Direito da pessoa com deficiência
Pacto Internacional dos direitos civis e políticos	Estatuto da Igualdade racial
Pacto Internacional dos direitos, econômicos, sociais e culturais	Estatuto da Criança e do Adolescente
Direito à moradia	Direito ao esporte e ao lazer
Lutas por Direitos	Direitos das populações tradicionais
Democracia e direitos humanos	Direitos das populações LGBTTTs
Direito à justiça	Direito da criança e do adolescente
Direito à memória e à verdade	Direito das mulheres
Combate à tortura	Sustentabilidade socioambiental
Direito à integridade física	Saúde mental e direitos humanos
Segurança pública cidadã	Economia e direitos humanos
Direito ao trabalho	Economia solidária
Direito à informação	Solidariedade intergeracional
Direito à terra	Inclusão social
Tolerância religiosa	Violações de direitos
Direito da pessoa idosa	Seguridade Social

Ao termos a Educação de Jovens e Adultos como modalidade a qual deverá se efetivar em consonância com a DCNEDH, se destaca a importância de uma prática pedagógica que tome a concretude da realidade na qual o(a) estudante esteja inserido(a) e do mundo do trabalho. Sendo relevante a individualidade e sentimento de pertencimento dos(as) estudantes, mas também que se percebam como sujeitos históricos e coletivos.

2. EDUCAÇÃO EM DIREITOS HUMANOS E RECURSOS DIDÁTICOS: VIVÊNCIAS EM EDUCAÇÃO DE JOVENS E ADULTOS

Traz a prática pedagógica em EDH em comum com a prática em EJA a necessidade de desenvolver metodologias que privilegiem a participação ativa dos(as) estudantes de forma problematizadora, interativa, participativa e dialógica, favorecendo a discussão de questões relacionadas à vida da comunidade e as diversas violências que ocasionam a negação dos Direitos Humanos.

Mais especificamente, a prática em EDH, deve ser orientada para:

a) apreensão de conhecimentos historicamente construídos sobre direitos humanos e a sua relação com os contextos internacional, nacional e local;

b) afirmação de valores, atitudes e práticas sociais que expressem a cultura dos direitos humanos em todos os espaços da sociedade;

c) formação de uma consciência cidadã, capaz de se fazer presente em níveis cognitivo, social, étnico e político;

d) desenvolvimento de processos metodológicos participativos e de construção coletiva, utilizando linguagens e materiais didáticos contextualizados;

e) fortalecimento de práticas individuais e sociais que gerem ações e instrumentos em favor da promoção, da proteção e da defesa dos direi-

Educação de jovens e adultos   103

tos humanos, bem como da reparação das violações. (BRASIL, MEC/CNE, 2012, p. 2)

Em conformidade com o exposto, a EDH deve comprometer-se com a aprendizagem sobre o que são os direitos humanos, as lutas que resultaram em suas conquistas, os marcos legais, mas também possibilitar aos(as) estudantes atuar em prol aos Direitos Humanos, exercendo sua cidadania ativa em nome da coletividade.

E por essa importância, destacamos que, para a prática da EDH, se faz necessário diversificar os processos metodológicos, linguagens e recursos didáticos em sala de aula, tomando o cotidiano e os processos históricos como referências.

Nessa direção, destacaremos a relevância do recurso fílmico, da poesia e das mídias como recurso didático, por poderem facilmente ser incorporados à rotina escolar e, reconhecidamente, serem facilitadores da aprendizagem e apropriação do conhecimento, sem, contudo, desconhecer que o(a) professor(a) poderá utilizar outros recursos disponíveis na instituição educativa.

O recurso fílmico na prática em Educação em Direitos Humanos

Considerando a relevância de oportunizar práticas pedagógicas que questionem a concepção de educação compensatória presente na EJA e fortaleçam a compreensão de que esta é uma modalidade de Educação direcionada a sujeitos que vivenciaram realidades *"não lineares"* de escolarização, com diferentes identidades geracionais e culturais. O uso de filmes como apoio à prática pedagógica da EDH revela-se bastante oportuno, devido a sua potencialidade para contribuir com o desenvolvimento de capacidades de análise fundadas nos princípios da EDH, a saber: a) dignidade humana; b) democracia; c) valorização da diversidade; d) transformação social; e) interdisciplinaridade e f) sustentabilidade.

Em diferentes áreas, o uso de filmes é reconhecidamente importante para o processo de ensino/aprendizagem, quer pelo seu potencial de oportunizar experiências emocionais, contato com diferentes linguagens (falada, visual, musical, escrita), como também por ser fonte de informações, bem cultural e importante recurso para a diversificação das estratégias didáticas.

Na EJA, especificamente, a linguagem fílmica possibilita a exploração de elementos constituintes da identidade de seus sujeitos, desde os mais comumente reconhecidos: excluídos dos processos de escolarização em outras épocas da vida; não crianças; trabalhadores(as), incluídas as novas abordagens, sujeitos de direitos; atores do processo histórico; detentores(as) de saberes e cultura.

Com isso, os filmes, quando utilizados de forma didática, podem ser um forte aliado para a prática pedagógica em EDH na modalidade EJA, pois além dos fatores anteriormente apontados possibilitam o acesso a novas visões sobre a realidade em que os(as) jovens e adultos(as) estão inseridos(as), bem como acesso a pluralidade dos Direitos Humanos.

O forte apelo emocional, proporcionado pelos filmes, possibilita o aprendizado por meio do estímulo dos sentidos e das emoções. Assim, o recurso fílmico pode ser utilizado em diferentes momentos do processo de ensino/aprendizagem: para introduzir ou aprofundar um conteúdo, para estimular pesquisas, para confrontar opiniões, para romper com visões estereotipadas, para contrapor a discursos preconceituosos, sendo competência dos(as) professores(as) decidirem quando e como utilizá-lo, dependendo do objetivo que desejam alcançar.

Educação de jovens e adultos

É importante o(a) professor(a) ter domínio do material, saber a qualidade técnica da obra, se é adequada ao espaço/recurso que serão utilizados para reprodução. Como o(a) professor(a) estará em uma posição de mediador(a), é importante ter a clareza de que, ao estar fazendo uso de um filme, a função deixa de ser entretenimento e passa a ser de recurso didático para um processo educativo intencional.

Isto implica dizer que o(a) professor(a) deverá compreender a linguagem, tomar decisões sobre tempo de exposição, selecionar trechos de relevância, estruturar roteiro de análise/observação, destacar momentos relevantes para o objetivo proposto. Conforme destaca Machado (2008), atividades com o uso de filmes com turmas de jovens e adultos(as), desde que planejada e pensada dentro do currículo que está sendo trabalhado e das particularidades do contexto em que se realizam tais práticas, é uma ótima possibilidade de tornar mais rica a argumentação, a discussão e a base de conteúdos de todos(as) os(as) participantes.

A poesia na prática em Educação em Direitos Humanos

A importância da poesia como ponte para o conhecimento é flagrante, pois ela modifica, transforma, amplia a visão de mundo, proporciona a descoberta da realidade, das ideias, das palavras, favorecendo o acesso ao conhecimento específico de diferentes áreas.

Porém, quando o assunto é a poesia como recurso didático, ainda é comum percebermos olhares reticentes. Assim, a escolha da poesia como apoio para a prática da EDH na EJA exige o rompimento com o preconceito de que este seja um gênero literário de restrito uso de especialistas da língua portuguesa. Como objetivo maior não é ensinar poesia ou ao escrever poesia, ela assume a função de recurso didático favorecedor da compreensão da realidade e conceitos específicos de área, ao mesmo tempo em que assume uma função educativa e orientadora.

Em diferentes áreas, a poesia revela o seu potencial. Moreira (2002) apontou ser a ciência e a poesia pertencentes à mesma busca imaginativa humana, embora pertencentes a domínios diferentes de conhecimento e valor, e oportunizou a percepção de que a poesia pode ser um importante recurso didático para o ensino de conceitos do campo das ciências como: matéria, astros, bomba atômica, caos, fractais, vida, entre outros. Como exemplo, essa autora cita o poema de Manuel Bandeira, "Satélite", o qual possibilita o trabalho sobre conceitos da astronomia.

> **Satélite**
>
> Fim de tarde.
> No céu plúmbeo
> A lua baça
> Paira.
> Muito cosmograficamente
> Satélite.
> Desmetaforizada,
> Desmitificada,
> Despojada do velho segredo de melancolia,
> Não é agora o golfão de cismas,
> O astro dos loucos e enamorados,
> Mas tão somente
> Satélite.
> Ah! Lua deste fim de tarde,
> Desmissionária de atribuições românticas;
> Sem *show* para as disponibilidades sentimentais!
> Fatigado de mais-valia,
> gosto de ti, assim:
> Coisa em si,
> — Satélite.
>
> (BANDEIRA, Manuel. "Satélite", apud MOREIRA, 2002.)

Educação de jovens e adultos

Em outras áreas a poesia também vem sendo explorada. Autores como João Cabral de Melo Neto (1920 a 1999)[3] e Ferreira Goulart[4] (1930), por exemplo, são conhecidos de educadores(as) que utilizam a sensibilidade poética na prática do ensino de geografia.

Farjado (2009), em estudo sobre a linguagem poética no ensino de geografia, afirma que a expressão geográfica em poesias tem sido percebida por poucos, podendo ser utilizada não apenas no sentido ilustrativo, mas como fonte de interpretação, representação da natureza, significado de paisagens e construção de identidades baseadas em lugares. Nessa mesma direção, Cunha (2009) relata experiências no uso da poesia de Mauro Mota (1911 a 1984)[5] como recurso pedagógico em aulas de geografia.

Cercas

Cercaram tudo. Só a gente
nem sabe mais onde mora,
não tem para onde ir embora.
Cercado, o mundo é o mundo
sem lado de fora,
sem brecha nem beira,
mundo dentro da gaiola.

A cerca da Mata mata,
seca a cerca do Sertão,

---

3. Escritor pernambucano, reconhecido por sua obra desvendar os elementos concretos da realidade. Maiores informações em www.releituras.com e www.culturabrasil.org

4. Poeta maranhense, desenvolveu uma obra de forte cunho social. Maiores informações www.releituras.com e www.jornaldepoesia.jor.br

5. Poeta pernambucano, professor, jornalista, cronista, ensaísta e memorialista brasileiro.

só fica preso o vivente
quando expulso da prisão.
Prisão de plantas e bichos,
de casa, roupa e meizinha,
prisioneiro até o chão.
Só tem almoço e ceia
quem como a própria fome
ou quem está na cadeia
de muitas grades,
que impede,
em vez de saída, a entrada.

II

Ô mundo de muitas cercas
feitas pelos coronéis,
cercas nos canaviais,
nas frutas de vez nos pés,
cercas no milho e no arroz,
no feijão e nos currais
nos bois capados na engorda,
desgraçadamente bois.

Na ponta da corda, o laço,
Laça a vaca e o leite,
o queijo, o vaqueiro,
a melancia, o umbuzeiro,
o ingá, o bode, o terreiro,
tudo cai no laço.

III

De arame ou cipó vamos desatar o nó.

> IV
>
> Os cachos de buganvílias
> rebentam nos paus-a-pique.
> o toque dos chocalhos
> diz o boi para onde foi.
> De primeiro, era a arapuca
> de pegar as rabaçãs.
> O canto delas anuncia
> que ninguém cerca a manhã.
>
> (MOTA, Moura. "Cercas", apud CUNHA, 2009)

Para a autora, a poesia em destaque favorece o trabalho de temas da geografia como estrutura fundiária no Brasil, reforma agrária, conceitos de latifúndio, minifúndio, empresa rural, movimentos e questões sociais no campo. Mas é importante destacar que o texto pode ser trabalhado articulando várias áreas de conhecimento, entre elas a língua portuguesa e a arte.

Como vemos, a poesia pode ser um importante recurso pedagógico a ser utilizado por professores(as) de diferentes áreas, com diferentes objetivos. Na Educação de Jovens e Adultos, a poesia é um recurso didático muito presente, quer para incentivar a produção textual, discutir o valor da comunicação escrita e oral, trabalhar o significado das palavras como também para valorizar a cultura popular e favorecer a leitura da palavra e do mundo.

O próprio Ministério da Educação, com o intuito de subsidiar a prática pedagógica de professores(as) atuantes na EJA, destaca a relevância da poesia nesta modalidade:

os alunos jovens e adultos, pela sua experiência de vida, são plenos deste saber sensível. A grande maioria deles é especialmente receptiva às situações de aprendizagem: manifestam encantamento com os procedimentos, com os saberes novos e com as vivências proporcionadas pela escola. Essa atitude de maravilhamento com o conhecimento é extremamente positiva e precisa ser cultivada e valorizada pelo(a) professor(a) porque representa a porta de entrada para exercitar o raciocínio lógico, a reflexão, a análise, a abstração e, assim construir outro tipo de saber: o conhecimento científico. Olhar, escutar, tocar, cheirar e saborear são as aberturas para nosso mundo interior. **Ler e declamar poesia,** escutar música, ilustrar textos com desenhos e colagens, jogar, dramatizar histórias, conversar sobre pinturas e fotografias são algumas atividades que favorecem o despertar desse saber sensível. (BRASIL, MEC, 2006b, p. 7, grifos nossos)

Dessa maneira, ao tratar da prática em EDH, parece relevante destacar seu objetivo para que possamos perceber a importância da poesia como recurso pedagógico junto à sala de aula da EJA,

ação em Direitos Humanos tem como objetivo central a formação para a vida e para a convivência, no exercício cotidiano dos Direitos Humanos como forma de vida e de organização social, política, econômica e cultural nos níveis regionais, nacionais e planetário. (BRASIL, MEC/CNE, 2012, p. 2)

Ao pensarmos na prática de EDH na EJA, destacamos um trecho do poema "Todas as vidas", de Cora Coralina, o qual possibilita ao(à) professor(a) trabalhar com a memória coletiva e as identidades da mulher brasileira.

> **Todas as Vidas**
>
> ... Vive dentro de mim
> a mulher roceira.
> — Enxerto de terra,
> Trabalhadeira.
> Madrugadeira.
> Analfabeta.
> De pé no chão.
> Bem parideira.
> Bem criadeira.
> Seus doze filhos,
> Seus vinte netos...
>
> (CORALINA, Cora. *Poemas dos becos de Goiás e*
> *estórias mais.* São Paulo: Global, 1983.)

O uso da linguagem poética tem potencial para o trabalho em prol do enfrentamento ao preconceito, a valorização das diferenças, da solidariedade, da justiça social, da sustentabilidade socioambiental, a inclusão, a pluralidade e, conforme destacado por Silva (2010), esses são valores urgentes, imprescindíveis e essenciais à escola.

O uso educativo das novas tecnologias na prática em Educação em Direitos Humanos

Compreendendo ser fundamental, no âmbito da Educação de Jovens e Adultos, combater o efeito cumulativo de carências múltiplas, a incorporação da educação digital como estratégia de inclusão social ganha espaço estratégico, para não aprofundar a divisão social e potencializar a participação cidadã de setores populares da sociedade.

Computadores, Internet, celulares, e-mail, comunidades virtuais, redes sociais, blogs, aos poucos vão deixando de ser estranhos e vêm se integrando às atividades cotidianas; o que até há pouco tempo era tido como certa invasão passou a integrar o cotidiano da maioria das pessoas.

Nesse cenário, não são poucos os alardes em torno de políticas de distribuição de laptops para estudantes, promovidas com a compreensão de que investimentos dessa natureza têm um efeito multiplicador não só porque os(as) estudantes aprendem mais rápido, mas porque terminam aproximando pais e familiares mais velhos da tecnologia, desconsiderando necessidades humanas mais prementes da população e até mesmo reivindicações históricas de professores(as).

Embora importante, o acesso às tecnologias não é suficiente para promover a almejada inclusão digital, bem como para promover o exercício da cidadania. Balthazar (2011) aponta que não é a quantidade e a qualidade dos equipamentos que irão garantir a qualidade social dos processos de ensino-aprendizagem; retomando Almeida e Prado (2006), aponta a relevância de ir além do pensamento tecnológico:

> para evitar ou superar o uso ingênuo dessas tecnologias, é fundamental conhecer as novas formas de aprender e de ensinar, bem como de produzir, comunicar e representar conhecimento, possibilitadas por esses recursos, que favoreçam a democracia e a integração social. (ALMEIDA E PRADO, apud BALTHAZAR, 2011, p. 3)

Ao refletirmos sobre o papel das novas tencologias na prática de EDH em EJA se faz necessário pensar a inclusão digital, sendo esta uma das ações programáticas propostas pelo PNEDH

Educação de jovens e adultos

(BRASIL, MEC, SEDH, 2006a, p. 32), não para adequar os sujeitos às novas exigências do mercado, mas para compartilharem conhecimentos, para exigir direitos, alargar a cidadania e melhorar a sua condição de vida, assim como de sua comunidade.

Os(as) jovens e adultos(as), mesmo não fazendo uso educativo das tecnologias da informação, vivem em meio ao universo informacional. A inclusão digital, porém, demanda políticas públicas compromissadas com o acesso igualitário às informações, pois pensar a inclusão apenas com a finalidade de capacitar mão de obra para operar as linhas de produção, ou atuar no mundo dos serviços, coloca a educação a serviço do capital, em sua forma mais brutal que é a de formar para a mera exploração, retirando dela o potencial humanizador.

O reconhecimento do papel das tecnologias digitais para o alcance das metas da Educação para Todos e para as Metas do Milênio, oportunizam a compreensão de que não é suficiente operar um computador, acessar informações, comunicar-se online, sendo necessário fazê-lo compromissados com o enfrentamento das desigualdades seculares e do desrespeito aos direitos humanos.

O Ministério da Educação aponta dentre as competências pretendidas para os(as) professores(as) da educação básica, independentemente do nível de ensino em que atuam, a capacidade de fazer uso das novas linguagens e tecnologias de forma a promover a efetiva aprendizagem do(a) estudante, porém as experiências com inclusão digital, no âmbito da EJA, são pontuais e continuam sendo um desafio, pois as políticas públicas na área são inconstantes, insuficientes e pouco articuladas.

No âmbito das instituições eduacionais tem sido comum identificarmos oficinas ou projetos pontuais, que incorporam as novas tecnologias ao processo de ensino e aprendizagem. Porém, os esforços empreendidos por professores(as) muitas vezes restringe-se ao uso da tecnologia como possibilidade de motivar os(as) estudantes ou tornar acessível a "infomaré".[6]

O acesso às novas tecnologias é de relevante importância, mas estudo, como o de Pretto (2008) têm demonstrado que o acesso sem a qualificação social do usuário pouco contribuem e podem acentuar desigualdades, pois o acesso não pode ser compreendido como sinônimo de desenvolvimento social ou cognitivo.

Estudo sobre o uso das tecnologias na EJA (BRITO, 2009) identificou mudanças qualitativas no uso das novas tecnologias, porém mantém-se distante das recomendações de especialistas e da VI CONFITEA, o que nos permite inferir que essas estão sendo desenvolvidas de maneira restrita e fora do marco da EDH.

As novas tecnologias apresentam potencial para o exercício da integração humana; para tanto precisam ser incorporadas à educação em um movimento dialético, que possibilite aos usuários travar questionamentos sobre o que, o para que, e o para quem das inovações.

Possibilidades estão postas e para contribuir sugerimos na Estação do(a) Professor(a) alguns sites que possibilitem o desenvolvimento de uma prática pedagógica que integre a EDH aos espaços/tempos destinados a EJA.

3. PRÁTICA INCLUSIVA EM EDUCAÇÃO DE JOVENS E ADULTOS

Uma sociedade marcada por contradições socioeconômicas e socioambientais, como a brasileira, decorrentes da exploração

---

6. Termo utilizado por Gilberto Gil na música "pela Internet" como referência às informações disponibilizadas pela *web*.

Educação de jovens e adultos

do(a) trabalhador(a) e do meio ambiente, expõe injustiças de diversas ordens, as quais colocam em vulnerabilidade grande parte da população, desafiando o Estado, quando compromissado com a promoção da justiça social, a proteger seus direitos.

Para essas populações, os direitos humanos são presenças ausentes. Presenças enquanto direito constitucionalmente assegurado, ausência na medida em que não se efetivam. A Educação, ou a fragilidade dela, sabemos ser um elemento fundamental para a seguridade dos direitos positivados e conquistas dos almejados, tendo sido historicamente a luta por sua democratização marco de movimentos das mais diversas naturezas.

Porém, quando o discurso oficial alardeia a universalização da educação e passa a colocar como primordial definir padrões e realizar avaliações pautadas em áreas especificas, perguntamos: **está assegurado o direito à educação a pessoas com deficiências, idosos(as), indígenas, quilombolas, homossexuais? Está assegurada uma educação que reconheça e valorize a cultura afro-brasileira? Está assegurada uma educação que evidencie o desrespeito humano cometido pelo Estado no período da Ditadura? Que promova os direitos das mulheres? Que promova a inclusão digital? Que contemple as regiões pobres e interioranas?**

As estatísticas comprovam que não e os documentos oficiais revelam o desafio:

> Apesar da queda anual e de marcantes diferenças regionais e setoriais, a existência de pessoas que não sabem ler ou escrever por falta de condições de acesso ao processo de escolarização deve ser motivo de autocrítica constante e severa. São Paulo, o estado mais populoso do país, possui um contingente de 1.900.000 analfabetos. É de se notar que, segundo as estatísticas oficiais, o maior número de analfabetos constitui de pessoas com mais idade, de regiões pobres e interioranas e provenientes dos grupos afro-brasileiros. (BRASIL, MEC/CNE/CEB, 2000, p. 5)

Diante do exposto, evidencia-se a necessidade social da promoção de uma educação inclusiva, sem a qual não faz sentido falar em educação de qualidade, o que torna urgente a necessidade de práticas pedagógicas inclusivas tornarem-se presentes nas salas de aula da EJA.

Na Educação de Jovens e Adultos, a realidade vivencial dos sujeitos é conteúdo e *lócus* da prática pedagógica, sendo fundamental atentar para os fatores que a diferenciam da escolarização regular, bem como para o fato de que esses(as) estudantes chegam aos espaços educacionais com conhecimentos, crenças, valores, preconceitos e bloqueios culturais acumulados ao longo de sua história.

Alguns(mas) autores(as) apontam que a EJA deve potencializar habilidades e competências para que os(as) jovens e adultos(as) se tornem mais capacitados(as) para a vida e para o contexto no qual estão inseridos(as). Tal vertente defende que os(as) professores(as) atuantes nessa modalidade devam ter conhecimento da realidade de seus(suas) estudantes; compreendo que isso se restringe a conhecer suas expectativas, sua cultura e suas necessidades de aprendizagem e de vida.

Não discordamos de que a prática pedagógica na EJA deva estar calcada na realidade do(a) estudante; o que parece não fazer muito sentido é manter essa educação presa à realidade aparente, o que significaria promover uma educação com vistas à adaptação desse sujeito ao contexto do qual é originário, o qual, justamente, não possibilitou seu acesso à escolaridade.

Mais do que uma prática que permita a esses sujeitos refletirem sobre a realidade aparente, a prática pedagógica na EJA deve se fazer compromissada com a formação de atores que transformem essa realidade de maneira mais profunda e coletiva, atuando em prol ao respeito à dignidade humana e a justiça social.

Como pensar em uma educação adaptativa, ou como apresentada pelo discurso do "aprender a aprender", que forme para a vida, se hoje significativa parte das pessoas que frequentam a EJA já teve acesso à escola em outros momentos de suas vidas e, conforme aponta Ferraro (2009), são a clara expressão do fracasso de mais de um século de políticas públicas de escolarização e alfabetização.

Ao pensar práticas pedagógicas inclusivas na EJA, o fazemos no marco da Educação em Direitos Humanos, pois esta dispõe do arcabouço de direitos conquistados pela humanidade e firmados em documentos nacionais e internacionais que visam assegurar o direito à educação a todos(as).

Os desafios são imensos e o sistema vigente opera em função daqueles que já detêm as condições materiais de vida asseguradas e detêm os meios de produção. Para esses são investidos milhões e acasteladas as decisões políticas em prol da qualificação de uma educação que contribua para a reengenharia produtiva e ampliação da produtividade/competitividade.

Apesar do papel histórico dos movimentos sociais para a EJA ou mesmo da luta por uma educação libertadora serem norte para propostas compromissadas com outro mundo possível, é comum no campo da prática pedagógica dos(as) educadores(as) atuantes na EJA referenciais que tomam por base uma visão essencialista do ser humano, ou ainda que fiquem presas basicamente a atividades, saberes experienciais e interesses motivacionais.

Concernente a esse pensar, a partir dos anos 1990, com a divulgação e defesa, pelo Estado, das pedagogias "aprender a aprender" (construtivismo, pedagogia das competências, pedagogia de projetos, pedagogia do professor reflexivo, dentre outras) a Educação de Jovens e Adultos passou a incorporar esse ideário, o que significou para os(as) professores(as) a precarização do trabalho e a "necessidade de adaptar-se a uma educação aligeirada, flexibilizada em razão dos interesses e demandas do capital e destinada a disciplinar o indivíduo ao mercado" (ARCE apud MARSIGLIA, 2011, p. 62).

Considerando o universo ideológico ao qual estão ligadas essas pedagogias (neoliberalismo e pós-modernismo) o conhecimento tácito e o conhecimento relativo ganharam sobre valor. E a escola, enquanto espaço de socialização do conhecimento historicamente produzido pela humanidade, passou a ser desconsiderada, projetando-se a ideia de que a escola seja espaço de formação de competências e habilidades, de preparação para a vida (mesmo que isso signifique adaptação) e de diversificação (mesmo que isso signifique rebaixamento do nível de ensino destinado a trabalhadores(as)).

Contrapondo-se a este ideário, a prática da EDH se justifica se realizada em defesa da escola pública, e em prol a seguridade do direito à educação. Mas também se tomar a realidade concreta como ponto de partida e de chegada, exigindo uma política educacional que rompa com a lógica a qual tem contribuído para reduzir o número de vagas no sistema educacional destinado à modalidade EJA, ou mesmo que esteja contribuindo para a redução dos índices de analfabetismo sem significar a efetiva redução do número absoluto de analfabetos(as).[7]

As Diretrizes Nacionais para a Educação em Direitos Humanos (BRASIL, MEC/CNE, 2012) apontam possibilidades relevantes para a Educação, muitas já externadas por estudiosos(as) que atuam no campo da Educação de Jovens e Adultos, outras ainda a necessitarem de tempo de exercício, mas de qualquer maneira fundamentadas *em, sobre* e *para* a dignidade humana.

---

7. Saviani (2004) enfatiza que em razão do imenso déficit educacional acumulado ao longo do século XX a redução da taxa de analfabetismo não significou a redução do número absoluto de analfabetos. Em análise comparativa entre o final do XIX e XX, o autor afirma que o número absoluto de analfabetos quadriplicou.

Ao pensarmos os desafios para a prática da EDH na EJA, mais precisamente na seleção/organização do conhecimento a ser trabalhado em sala de aula, temos como referencial uma proposta organizativa que tome a prática social dos(as) jovens e adultos(as) e professores(as) como referência, ou seja, significa investigar as múltiplas formas que o trabalho coletivo e o modo como o ser humano age e se modifica ao constituir em parte desse trabalho.

Como a Educação de Jovens e Adultos é uma modalidade ofertada em todas as etapas da Educação Básica e também por meio de programas e projetos específicos, as Diretrizes devem servir como um referencial pedagógico para a multiplicidade de espaços/tempos destinados à Educação de Jovens e Adultos.

Dessa forma, passaremos a problematizar algumas temáticas relevantes para a EDH na EJA, mas não temos a pretensão de esgotá-las, nem mesmo de apresentar ampla variedade de temática. O objetivo está muito mais em favorecer que o(a) professor(a) atuante na EJA compreenda-se sujeito capaz de atuar em prol a uma sociedade mais inclusiva e justa.

Ao se debruçar sobre as temáticas discutidas pedimos ao(a) professor(a) que o faça com firmeza crítica e clareza de que a Educação em Direitos Humanos é teoria e prática, devendo estar presente na sala de aula, mas também na escola, na comunidade, na sociedade, ou seja, em nossas vidas, pois

> [...] educar nessa direção é compreender que direitos humanos e cidadania significam prática de vida em todas as instâncias de convívio social dos indivíduos: na família, na escola, no trabalho, na comunidade, na igreja e no conjunto da sociedade. É trabalhar com a formação de hábitos, atitudes e mudanças de mentalidades, calcada nos valores da solidariedade, da justiça e do respeito ao outro, em todos os níveis e modalidades de ensino. (SILVA, 2000, p. 64)

Prática em Educação em Direitos Humanos: memória e verdade

A memória é uma capacidade humana, sendo o indivíduo o agente capaz de lembrar ou não. Apesar da dimensão individual, a memória se faz coletiva e socialmente, na medida em que são os agentes sociais que determinam o que é memorável e as formas pelas quais será lembrado. A memória serve a muitas possibilidades, mas quando a colocamos a serviço da Educação em Direitos Humanos estamos tomando-a como instrumento de libertação e não de servidão dos homens (LE GOFF, 1994).

E referindo-se à memória, quando tratamos da Educação em Direitos Humanos, ela não aparece isolada, com significado em si. Tratamos da memória e da verdade como direitos humanos, mais especificamente como possibilidade para se conhecer os períodos ditatoriais, combater a violência, reparar as violações e romper com a cultura da impunidade.

Democracia não dialoga com esquecimento, não obstante aos esforços de militantes, a grande maioria dos(as) docentes não trabalha rotineiramente com conteúdos relevantes para a efetiva compreensão do período da Ditadura Militar e das cicatrizes históricas que ficaram marcadas na sociedade brasileira, em decorrência do regime de medo, censura, perseguição, tortura e extermínio de adversários(as) praticado pelos governantes e seus aliados.

Diferente do que alguns podem pensar, o trabalho com a memória e a verdade não deve ficar restrito aos(as) professores(as) de história, mas ser conteúdo relevante para todas as disciplinas, uma vez que os conteúdos não existem isoladamente na sociedade. Precisamos contar a história, mas também precisamos calcular as vitórias e subtrair às violências, ler e produzir textos sobre a verdade, conhecer as consequências corporais e psíquicas da tortura, traduzir ideias que promovam os direitos humanos e tudo o mais que seja possível explorar nas diferentes áreas que compõem o conhecimento humano.

A resistência às violações e a defesa dos direitos humanos não se faz apenas em algumas áreas, ou se faz como um todo no contexto escolar, ou não se faz. Acreditar que é possível fazer Educação em Direitos Humanos restringindo-se a tratar de temáticas relevantes em alguns momentos pontuais significa não compreender a multidimensionalidade da EDH. Educar em Direitos Humanos exige um trabalho em prol da democratização da escola, da sala de aula e da sociedade.

O trabalho pedagógico com a Memória e a Verdade ainda é um desafio, pois implica desatar amarras sociais, romper com bloqueios culturais e expor contradições gritantes. Esses pontos não devem ser compreendidos como empecilhos para a prática da EDH; são incentivos para que as violências cometidas não se repitam jamais.

Sinalizada a pertinência da temática Memória e Verdade para a EDH, destacamos que no âmbito da EJA a transposição didática se faz oportuna, por um lado, para possibilitar a esses sujeitos, que muitas vezes vivenciaram o período, que o compreendam melhor. Por outro lado, pelo fato de os próprios esforços para assegurar a Educação de Jovens e Adultos terem sido reprimidos e ressignificados pela ditadura; e, ainda, poderíamos assinalar a relevância da temática por ser presentes, em nossa sociedade, a tortura e a violação dos direitos pelo Estado.

Sabemos que os(as) professores(as), ao planejarem sua prática pedagógica, tendo os referenciais/objetivos da EDH como norte, poderão apontar muitos caminhos para o tratamento de conteúdos relevantes objetivando compreender a Memória e a Verdade como um direito humano.

Prática em Educação em Direitos Humanos: igualdade de gênero

O retrato da educação feminina no Brasil e suas relações com a baixa escolaridade de jovens e adultos do sexo feminino apontam a necessidade de estudos sobre questões como o não acesso e a entrada tardia da mulher na escola, a dificuldade de permanência e continuidade dos estudos em virtude do casamento, maternidade, dupla jornada de trabalho, violência e resistência cultural dos companheiros e outras impossibilidades decorrentes das relações desiguais socialmente construídas, as quais podem ser discutidas a partir do recorte de gênero, ou seja, dos atributos e lugares que o feminino e o masculino assumem social e historicamente.

Nos últimos 20 anos foram promissores os estudos em torno das relações de gênero no campo educacional, sendo crescente a preocupação com o tema devido à escola ser compreendida como espaço de problematização das diferenças e desconstrução de discursos legitimadores da naturalização e subordinação das mulheres, mas também devido a esse espaço ser compreendido pelas agências internacionais como *locus* de promoção de direitos sem necessidade de rupturas estruturais.

Como aponta Castro,

> gênero e direitos das mulheres, hoje se constituem em um campo minado por disputas de sentidos, com alto investimento das agências do capitalismo internacional e correntes que reduzem o debate a orientações idealistas e culturalistas. (CASTRO, 2000, p. 107)

As desigualdades entre homens e mulheres e a negação da mulher como cidadã de direitos devem ser considerados conteúdos relevantes no contexto escolar. Porém, fazem-se necessárias políticas públicas mais amplas em prol aos direitos das mulheres,

Educação de jovens e adultos

como foco no enfrentamento à violência, discriminação e estruturação de serviços especializados, o que exige atuação e controle social das políticas instituídas, mas também a análise crítica de sistemas e totalidades sociais.

O trabalho com o recorte de gênero em salas de aula de jovens e adultos(as) reclama aos(as) professores(as) a necessidade de compreenderem as relações de desigualdade entre homens e mulheres, enquanto construtos históricos sujeitos a condições materiais, a reificação e a opressão das mulheres, em uma sociedade na qual a propriedade define a cidadania e a submissão das mulheres é propagada como essência feminina.

Ao discutir possibilidades de práticas pedagógicas com a temática igualdade de gênero, reconhecemos a multiplicidade dos enfoques possíveis, mas propomos fazê-lo associando opressão do sexo a exploração de classe, uma vez que a construção da igualdade de gênero exige a compreensão das relações sociais em seus conflitos e antagonismos.

Dessa forma, ao planejar a intervenção pedagógica na EJA, é importante destacar a relevância da temática direitos das mulheres em suas relações com os direitos humanos e a materialidade histórica, uma vez que a negação dos direitos às mulheres, a discriminação, o elevado índice de violência contra as mulheres não são problemas apenas do gênero feminino, são parte de uma dominação estruturada em contextos socioeconômicos concretos, que se conformam e se reproduzem socialmente.

Prática em Educação em Direitos Humanos: direito à diversidade

A prática pedagógica com as temáticas da diversidade na Educação de Jovens e Adultos é um desafio posto para a educação formal e também para a educação não formal. Apesar da demanda de estudos e produções que tratem da relação entre a EJA e as temáticas da diversidade, já se apontam avanços em pesquisas que articulem a EJA ao respeito às diferenças e a promoção da não discriminação na sociedade. Um dos indicadores da atualidade desse debate é sua presença nos trabalhos que vêm sendo apresentados nas últimas reuniões anuais das associações do campo educacional, e em cursos de especialização e extensão ofertados pelo Ministério da Educação.

Sendo os espaços dedicados ao ensino e a aprendizagem de jovens e adultos(as) compostos por sujeitos diversos, os quais, em sua maioria foram expulsos dos processos educativos, quer por uma escola que muito cedo não soube reconhecer e respeitar sua diversidade, ou por exigência do capital no seu contínuo movimento de reprodução, a relação entre EJA, diversidade e Educação em Direitos Humanos se faz premente na prática pedagógica dos(as) professores(as) atuantes nessa modalidade.

Porém, pensar a prática de EDH se faz inócuo se o(a) professor(a) não se compromissar com o respeito à diversidade sócio-histórico-cultural de todos os sujeitos envolvidos no processo educativo. Isso exige, em primeira instância, a capacidade de efetivar análises críticas sobre os preconceitos a que estão submetidos os sujeitos da Educação de Jovens e Adultos, bem como vislumbrar suas potencialidades, sua cultura, seus saberes, suas necessidades pedagógicas e sua diversidade.

A análise e ruptura com preconceitos não é um processo fácil. Heller (2004) aponta que se pode passar muito tempo até perceber com atitude crítica os preconceitos recebidos, se é que se chega a produzir-se tal atitude, uma vez que são impingidos pelo meio em que crescemos e se estabelecem pela assunção de estereótipos, analogias e esquemas elaborados por outros.

Educação de jovens e adultos

A tipologia dos preconceitos possibilita identificar uma ampla variedade: preconceitos tópicos, morais, científicos, políticos, étnicos, nacionais, religiosos, raciais, de gênero, diversidade sexual, geracional, estético, fóbicos, entre outros, sendo todos caracterizados como falso juízo, ou mesmo juízo provisório individual e socialmente construído.

Como construção social, o preconceito é em si limitador, tanto do sujeito ou grupo que o sofre quanto daqueles que o motivam, pois o(a) motivador(a) do preconceito não são os(as) discriminados(as), mas sim os(as) que discriminam.

> todo preconceito impede a autonomia do homem, ou seja, diminui sua liberdade diante do ato de escolha, ao deformar e, consequentemente, estreitar a margem real de alternativa do indivíduo. (HELLER, 2004, p. 59)

Na sociedade ocidental, os preconceitos originam-se no patriarcado, capitalismo, individualismo e adultismo e geram discursos e comportamentos preconceituosos que perpassam os diferentes ambientes sociais como o racismo, homofobia e sexismo, os quais ocasionam práticas discriminatórias.

As estatísticas são recorrentes em apontar o quanto o ambiente educacional é preconceituoso. Pesquisa[8] realizada em 501 escolas públicas de todo o país, baseada em entrevistas com mais de 18,5 mil alunos, pais e mães, diretores, professores e funcionários, revelou que 96,5% dos entrevistados têm preconceito com relação a portadores de necessidades especiais, 94,2% têm preconceito étnico-racial, 93,5% de gênero, 91% de geração,

---

8. Pesquisa Preconceito e Discriminação no Ambiente Escolar, realizada pela Fipe (Fundação Instituto de Pesquisas Econômicas) a pedido do Inep (Instituto Nacional de Estudos e Pesquisas Educacionais Anísio Teixeira), 2009.

87,5% socioeconômico, 87,3% com relação à diversidade sexual e 75,95% têm preconceito territorial.

O preconceito enraizado em nossa sociedade revela o ideário elitista e intolerante sobre o qual esta se estruturou. Suas raízes são histórico-sociais e marginalizaram a educação escolar de grupos sociais não pertencentes à elite, negando os direitos de cidadania.

Portanto, uma educação pela e para a cidadania não se efetiva sem a valorização da diversidade e promoção da igualdade. Assim, pensar uma prática pedagógica instituinte de uma sociedade no qual o preconceito não se faça presente exige a compreensão e o respeito à diferença.

Nessa direção, Satan'anna (2003) nos ajuda a compreender que todo o ser humano é diferente.

> Se aparência física é que, num primeiro momento, nos distingue como indivíduos, a nossa singularidade como seres humanos aportam uma rede complexa de relações sociais que faz com que sejamos não apenas distintos dos outros, mas, especialmente, diferentes, em nosso comportamento, personalidade, sensibilidade, sexualidade, talentos, gênero, raça, etnia e nacionalidade. Assim, apesar de sermos todos membros do que chamamos de humanidade, a luta pela universalidade dos direitos humanos, hoje, mais do que nunca, se organiza, fundamentalmente, como luta pelo direito à produção de novas singularidades, no sentido de reconhecimento da igualdade na diferença. (p. 129)

A prática do respeito à diferença e a valorização da diversidade ainda dista das escolas públicas brasileiras, porém se faz necessária se tivermos o compromisso com uma sociedade igualitária. O Parecer do MEC/CNE/CEB n. 11/2000, referente às Diretrizes Curriculares Nacionais para a Educação e Jovens e Adultos, estabelece dentre as finalidades da EJA o imperativo de promover a reparação e repudiar toda forma de discriminação e

Educação de jovens e adultos

preconceito "com base em origem, raça, sexo, cor, idade, religião e sangue, entre outros" (p. 6).

Em sendo, a dívida histórico-social inscrita na vida de tantos(as) brasileiros(as) marcada pelo preconceito e negação de seus direitos, apontamos a necessidade de firmar práticas de EDH, mas que as mesmas não se restrinjam à promoção da tolerância, pois como aponta Heller (2004), esse é um dos fundamentos do liberalismo.

Os(as) professores(as) atuantes na EJA são convidados(as) pela urgência social e pelos mesmos arcos legais a favorecer a análise crítica dos preconceitos e promover a libertação dos mesmos. Isso significa possibilitar uma prática pedagógica compromissada com a ruptura do senso comum, e efetivada por meio da análise de contextos socioeconômicos concretos, que se conformam e se reproduzem socialmente.

Prática inclusiva enquanto conquista histórica

Não são raras as ocasiões nas quais nós, professores(as), somos convidados(as) a rever nossas práticas. Muitas vezes, abrimos mão de práticas consolidadas em nome da melhoria da aprendizagem, ou de suposta qualificação da educação. Em grande parte, o fazemos desassociados da compreensão do projeto de sociedade que a mudança engendra.

Em um momento histórico no qual as lutas sociais colocaram na pauta das políticas públicas a necessidade de uma educação de qualidade social, somos chamados a colocar em prática uma educação inclusiva, tornando a educação capaz de acolher todo indivíduo, independente das diferenças, eliminando os preconceitos existentes entre os diversos povos e culturas.

A Educação de Jovens e Adultos trata de um conhecimento básico, necessário a todos(as). É um direito humano fundamental e meio de acesso a saberes diversificados, em que professores(as) atuantes nessa modalidade não devem ficar à mercê de vontades ou induções de políticas fragmentárias e pontuais. Precisam retomar a compreensão da escola enquanto espaço de contradições, de projetos antagônicos e se comprometer com a construção de uma sociedade na qual a igualdade e a tolerância não estejam a serviço da ordem, mas que promovam efetivamente a ruptura com os mecanismos geradores de desigualdade, pois enquanto houver igualdade entre os desiguais, não será possível passar da esfera da necessidade para a da liberdade.

CONSIDERAÇÕES FINAIS

Este livro, face ao exposto, pretendeu apresentar possibilidades para a complexa tarefa de se fazer uma Educação de Jovens e Adultos em Direitos Humanos. Esperamos ter contribuído para a compreensão do histórico da EDH, dos marcos legais e desafios para um fazer educacional compromissado com a socialização do saber elaborado historicamente pela humanidade, com a promoção da dignidade humana e enfrentamento das estruturas injustas.

Conforme constatado ao longo do percurso, a prática pedagógica compromissada com uma sociedade igualitária, quer na EJA, ou nas demais etapas, modalidades e níveis do Sistema Educacional não pode ficar circunscrita à dimensão técnica, ou nas palavras de Libâneo (2001), aos "pedagogos especialistas".

É necessária a práxis, e para tal a compreensão de que a prática pedagógica, como prática social intencional, a qual se define a partir de um processo histórico, tem o potencial para comprometer-se ou não com uma sociedade na qual a dignidade humana seja princípio, meio e fim.

As discussões apresentadas ao longo do livro, frutos de pesquisas e vivências, foram feitas com o intuito de apresentar algumas contribuições frente aos desafios postos pela Educação em Direitos Humanos à EJA, no que concerne a efetivação de uma educação que compreenda jovens, adultos(as) e idosos(as) como sujeitos de direitos, atores do fortalecimento da democracia e da cidadania ativa e, portanto, agentes políticos de transformação.

Críticos a uma educação presa ao ideário do "aprender a aprender" e restrita ao saber fazer, propomos práticas que não empobreçam o ensino dos conteúdos pertencentes aos diferentes campos do conhecimento. Mas, que possibilitem o acesso ao conteúdo construído historicamente, a partir da concretude dialética entre o local e o global, e de temas político-sociais que denunciem as violações dos direitos humanos e fomente a atuação em prol da transformação da realidade concreta.

A Educação é um direito e deve ser garantido pelo Estado. Assim como todos os demais direitos, pois pensar uma Educação em Direitos Humanos implica na ação em prol da observância da universalidade, indivisibilidade e interdependência dos direitos. O que significa a defesa radical de uma sociedade igualitária.

Assim, no momento histórico em que o Estado assume a Educação em Direitos Humanos como princípio e estabelece Diretrizes Nacionais para a Educação em Direitos Humanos (BRASIL, 2012), a prática pedagógica exercida por educadores(as) é convidada a tratar da inclusão em sua perspectiva mais ampla. Essa pressupõe a seguridade do direito à educação sem discriminação, com igualdade de oportunidades e respeito às diferenças, mas é acima de tudo convocada a se efetivar no seio da luta por uma escola pública democrática e de qualidade para todos(as).

Pensar que a mera realização de atividades com temáticas relevantes ao campo dos direitos humanos seja Educar em Direitos Humanos revela uma visão parcial e conservadora do que venha a ser a EDH.

Esperamos ter colaborado para que se perceba necessário compreender a EDH em suas múltiplas dimensões e exercitar uma prática pedagógica compromissada com a coletividade.

O potencial da EDH para o estabelecimento de uma cultura de repúdio a toda e qualquer violação dos direitos humanos, demanda conhecimento dos(as) professores(as) sob a área de trabalho, seus limites, contradições e potencialidades.

Com essa intenção esperamos que as ideias trançadas ao longo dessas páginas cooperem para uma Educação de Jovens e Adultos em Direitos Humanos, independente de amarras existencialistas, e possibilite a estruturação de uma sociedade na qual a classe trabalhadora e sua prole não tenha acesso mitigado aos direitos.

A possibilidade está posta, a história está em movimento e a luta que resultou nas Diretrizes Curriculares Nacionais para a Educação em Direitos Humanos está em curso. Esperamos ter contribuído para que professores(as) atuantes junto a jovens, adultos(as) e idosos(as), possam romper com a docência fragmentada e presa à cotidianidade alienada, entendendo-se como agente histórico, partícipe da construção da nova sociedade.

ESTAÇÃO DO(A) PROFESSOR(A)

Cinedica

Título: **Amazônia em chamas**   Ano: 1994
Gênero: Aventura   Duração: 128 min.
Direção: John Frankenheimer

TEMA: Quando os empresários olharam para a Amazônia, eles viram dinheiro, oportunidade e o futuro. Nada poderia impedi-los de realizar seus objetivos. A não ser Chico Mendes. Desde sua infância, Chico Mendes (Raul Julia, de *Acima de Qualquer Suspeita*) foi testemunha das brutalidades cometidas contra os seringueiros, explorados por seus patrões. Ainda jovem, decidiu dedicar-se a uma luta em favor de justiça para o povo de sua região. De pequenas discussões com criadores de gado, passando pela liderança de seu sindicato, a uma campanha internacional contra a devastação da Floresta Amazônica, Chico Mendes acreditava no diálogo e em soluções sem violência. Acabou transformando-se em uma figura de importância nacional, um herói local, e um peso ainda maior para seus inimigos até que uma emboscada marcou o fim de sua vida de dedicação e esperança.

Título: **15 filhos**   Ano: 1996
Gênero: Documentário   Duração: 20 min.
Direção: Maria Oliveira/Marta Nehring

TEMA: O documentário *15 filhos*, retrata a época da ditadura militar no Brasil por meio da memória de infância dos filhos de militantes presos, mortos ou desaparecidos. Esses depoimentos, dentre os quais se incluem os das diretoras do vídeo, mostram um ângulo pouco conheci-do da violência política e desrespeito aos Direitos Humanos no Brasil.

Título: **Narradores de Javé**
Gênero: Drama
Direção: Eliane Caffé
Ano: 2003
Duração: 100 min.

TEMA: Somente uma ameaça à própria existência pode mudar a rotina dos habitantes do pequeno vilarejo de Javé. É aí que eles se deparam com o anúncio de que a cidade pode desaparecer sob as águas de uma enorme usina hidrelétrica. Em resposta à notícia devastadora, a comunidade adota uma ousada estratégia: decide preparar um documento contando todos os grandes acontecimentos heroicos de sua história, para que Javé possa escapar da destruição. Como a maioria dos moradores são analfabetos, a primeira tarefa é encontrar alguém que possa escrever as histórias.

Título: **Vista minha pele**
Gênero: Drama
Direção: Joel Zito Araújo
Ano: 2003
Duração: 15 min.

TEMA: Nesta história invertida, os negros são a classe dominante e os brancos foram escravizados. Os países pobres são Alemanha e Inglaterra, enquanto os países ricos são, por exemplo, África do Sul e Moçambique. Maria é uma menina branca, pobre, que estuda num colégio particular graças à bolsa-de-estudo que tem pelo fato de sua mãe ser faxineira nesta escola. A maioria de seus colegas a hostilizam, por sua cor e por sua condição social, com exceção de sua amiga Luana, filha de um diplomata que, por ter morado em países pobres, possui uma visão mais abrangente da realidade.

Título: **Favela Rising**
Gênero: Documentário
Direção: Matt Mochary/Jeff Zimbalist
Ano: 2005
Duração: 80 min.

TEMA: A história do grupo cultural Afro Reggae e a vida de Anderson Sá, vocalista da banda. Mostrando as conquistas do movimento Afro

Educação de jovens e adultos

Reggae, mais do que fazer um retrato de um mundo cujas regras são ditadas pelo tráfico, o documentário explicita como a música e a cultura das classes baixas brasileiras tornam-se catalisadoras de uma mudança social radical.

Título: **Pro dia nascer feliz**   Ano: 2006
Gênero: Documentário   Duração: 88 min.
Direção: João Jardim

TEMA: Retrata situações que o adolescente brasileiro enfrenta na escola, envolvendo preconceito, precariedade, violência e esperança. Adolescentes de três estados, de classes sociais distintas, falam de suas vidas na escola, seus projetos e inquietações. Foram ouvidos estudantes da periferia de São Paulo, Rio de Janeiro e Pernambuco e também de dois renomados colégios particulares, um de São Paulo e outro do Rio de Janeiro.

Título: **Mutum**   Ano: 2007
Gênero: Drama   Duração: 95 min.
Direção: Sandra Kogut

TEMA: Mutum quer dizer mudo. Mutum é uma ave negra que só canta à noite. E Mutum é também o nome de um lugar isolado no sertão de Minas Gerais, onde vivem Thiago e sua família. Thiago tem dez anos e é um menino diferente dos outros. É através do seu olhar que enxergamos o mundo nebuloso dos adultos, com suas traições, violências e silêncios. Ao lado de Felipe, seu irmão e único amigo, Thiago será confrontado com este mundo, descobrindo-o ao mesmo tempo em que terá de aprender a deixá-lo.

Título: **Memória Clandestina**   Ano: 2007
Gênero: Documentário   Duração: 52 min.
Direção: Maria Thereza Azedo

TEMA: Relata a vida da primeira mulher de Francisco Julião, Alexina Crespo, e sua atuação na organização das Ligas Camponesas — movimento social agrário que lutou contra a exploração do trabalhador rural e pela posse da terra entre 1950 e 1964. A história de Alexina passa pela organização das ligas, a guerrilha, o golpe e o exílio. Ao curar os camponeses feridos que se deslocavam até sua casa para solicitar apoio do deputado/advogado Francisco Julião para que os defendesse, Alexina Crespo indigna-se e torna-se uma das mais fortes defensoras da causa camponesa. Ajuda a organizar e a expandir as ligas, mas seu trabalho ficou no silêncio, na coxia, na clandestinidade.

Título: **O contador de histórias**   Ano: 2009
Gênero: Drama   Duração: 100 min.
Direção: Luis Villaça

TEMA: Filme baseado na vida do mineiro Roberto Carlos Ramos, é a história de como o afeto pode transformar a realidade. Aos seis anos, o menino cheio de imaginação é deixado pela mãe em uma entidade assistencial recém-criada pelo governo. Ela acredita estar, assim, garantindo um futuro melhor para seu filho. Aos treze anos, após incontáveis fugas, ele é classificado como irrecuperável, nas palavras da diretora da entidade. Contudo, para a pedagoga francesa Margherit Duvas que vem ao Brasil para o desenvolvimento de uma pesquisa, Roberto representa um desafio. Determinada a fazer do menino o objeto de seu estudo, tenta se aproximar dele. O garoto em princípio reluta, mas, depois de uma experiência traumática, procura abrigo na casa de Margherit. O que surge entre os dois é uma relação de amizade e ternura, que porá em xeque a descrença de Roberto em seu futuro.

Título: **"Outro Olhar" sobre o Quilombo Rio do Macaco**   Ano: 2011
Gênero: Documentário   Duração: 10 min.
Direção: Josias Pires/TV Brasil

TEMA: Este filme mostra que a Marinha do Brasil deflagrou guerra a um grupo de famílias negras descendentes de escravos que vivem em área remanescente de quilombo. Entre os moradores há pessoas com mais de 100 anos que nasceram no mesmo local. As famílias da área foram removidas, desalojadas e proibidas de plantar, sendo expulsas da área. O filme denuncia flagrantes desrespeitos aos direitos humanos fundamentais.

Webdica

www.direitoshumanos. gov.br

TEMA: Conteúdo relacionado aos direitos humanos e temáticas relacionadas aos direitos da criança e adolescente, idosos, pessoas com deficiência, LGBT, combate ao trabalho escravo, combate a violações, diversidade religiosa, memória e verdade e desaparecidos. É possível baixar a Cartilha dos Direitos Humanos com ilustrações e Ziraldo.

www.nuedh.blogspot.com

TEMA: Conteúdo Interdisciplinar voltado à promoção da cultura de respeito aos direitos humanos e a socialização de resultado de estudos e pesquisas na área. Apresenta boa listagem de links e blogs, biblioteca on-line e acesso a dissertações e teses sobre Direitos Humanos na UFRJ.

www.cinedireitoshumanos.org.gov

TEMA: Site destinado à divulgação da Mostra Cinema e Direitos Humanos na América do Sul e a promoção e divulgação das garantias e direitos fundamentais. Apresenta a programação da Mostra e acesso a ficha técnica das produções.

www.dhnet.org.br

TEMA: Portal com amplo conteúdo sobre Direitos Humanos e Educação em Direitos Humanos. Possibilita acesso a banco de dados, cursos, vídeos, áudios, dicionário, artigos, projetos no campo dos DH. Dentre os macros temas destacam-se direitos humanos, desejos humanos, Educação em Direitos Humanos, Cibercidadania, memória histórica, arte e cultura, central de denúncias e banco de dados. Além de acesso a ONGs atuantes no âmbito dos Direitos Humanos.

www.acaoeducativa.org

TEMA: Conteúdo relacionado à promoção dos direitos educativo, culturais e da juventude, tendo em vista a justiça social, a democracia participativa e o desenvolvimento sustentável. Possibilita acesso a blogs, hot sites no campo da educação, cultura e juventude e ao programa observatório da Educação.

www.forumeja.org.br

TEMA: Portal dos Fóruns de Educação de Jovens e Adultos. Possibilita acesso aos fóruns EJA de todos os estados brasileiros e a amplo conteúdo relacionado a EJA: educação ambiental, educação indígena, educação profissional, educação do campo, educação nas prisões, educação étnico-racial, economia solidária e políticas no campo da Alfabetização e EJA. Apresenta acervo de multimídia, conteúdo referente ao educador Paulo Freire e informações em várias linguagens sobre a área.

www.dhescbrasil.org.br

TEMA: Conteúdo compromissado com a promoção, defesa e reparação dos Direitos Humanos, Econômicos, Sociais, Culturais e Ambientais (Dhesca), visando o fortalecimento da cidadania e a radicalização da democracia. Disponibiliza informações sobre Monitoramento em Direitos Humanos no Brasil; a Integração Regional e as Relatorias de Direitos Humanos e download para o Manual do Direito Humano à Educação.

Educação de jovens e adultos

www.inclusive.org.br

TEMA: Conteúdo relacionado aos Direitos Humanos e Inclusão. Bom acervo de publicações e download, além de links para cartilhas sobre direitos das pessoas com autismo, combate ao Bullying e uma boa sala de vídeos sobre inclusão.

www.portaldoprofessor.mec.gov.br

TEMA: Portal do Ministério da Educação com conteúdo de apoio à prática pedagógica e formação de professores(as). Destacam-se o espaço de aula; jornal do(a) professor(a); conteúdo multimídia; cursos e materiais; interação e colaboração e os links.

www.guiadedireitos.org

TEMA: O objetivo é divulgar Direitos Humanos e mostrar como eles podem ser acessados e cobrados pela população. A proposta é reunir e centralizar informações que potencializem e garantam os direitos da população. Para tal, busca agregar de forma clara e descomplicada informações sobre equipamentos públicos, serviços e programas disponíveis gratuitamente (ou a baixo custo), nas áreas de educação, saúde, trabalho, renda, cultura, lazer, segurança, justiça e cidadania.

REFERÊNCIAS

ALESSI, Edinete do Rocio; STIVAL, Maria Cristina. *Formação dos professores*: uma análise da Educação de Jovens e Adultos no núcleo regional de educação de Curitiba. *Eletras*, v. 22, n. 22, jul. 2011.

ARROYO, Miguel. Educação e exclusão da cidadania. In: *Educação e Cidadania*. Quem educa o cidadão. São Paulo: Cortez, 2007.

BALTHAZAR, Maria Lúcia Tavares. *A inclusão digital no mundo da EJA — ênfase na capacitação docente*: um estudo de caso no CIEP Brizolão 416 Wilson Batista — Campos dos Goytacazes. Trabalho de Conclusão de Curso, Instituto Federal de Educação, Ciência e Tecnologia Fluminense. Rio de Janeiro, 2011.

BENEVIDES, Maria Victoria de Mesquita. Educação em Direitos Humanos: de que se Trata? São Paulo, FE-USP, 2000 (palestra de abertura do Seminário de Educação em Direitos Humanos).

BETTO, Frei. *Cidadania*: Educação em Direitos Humanos. Disponível em: ‹www.interacaovirtual.com/ginastica/freibetto.pdf›. Acesso em: 30 abr. 2012.

BRASIL. *Constituição da República Federativa do Brasil*. Brasília, 1988.

_____. *Lei de Diretrizes e Bases da Educação Nacional*, LDB n. 9394/96, Ministério da Educação. Brasília, 1996.

_____. *Diretrizes Curriculares Nacionais para a Educação de Jovens e Adultos*. Brasília: MEC/CNE/CEB n. 1, 2000.

_____. *Parecer MEC/CNE/CEB n. 11/2000, maio de 2000*. Dispõe sobre as Diretrizes Curriculares Nacionais para a Educação de Jovens e Adultos.

BRASIL. *Diretrizes Nacionais para a Educação Especial na Educação Básica.* Brasília, MEC/SEESP/CNE, 2001.

_____. *Diretrizes Curriculares Nacionais para a Educação das Relações Étnico--Raciais e para o Ensino da História e Afro-brasileira e Africana.* Brasília: MEC/CNE, 2004.

_____. *Orientações Gerais Ensino Fundamental de nove anos.* Brasília: MEC/SEB, 2004.

_____. *Plano Nacional de Educação em Direitos Humanos, Comitê Nacional de Educação em Direitos Humanos.* Brasília: Ministério da Educação, Secretaria Especial dos Direitos Humanos, 2006a.

_____. *Cadernos de EJA — Trabalhando com a Educação de Jovens e Adultos.* Alunos e Alunas de EJA, Brasília, v. 1, 2006b.

_____. *Lei n. 11.494.* Regulamenta o Fundo de Manutenção e Desenvolvimento da Educação Básica e de Valorização dos Profissionais da Educação (Fundeb). Brasília, 2007.

_____. *Marco de Ação de Belém.* VI CONFITEA. Unesco, 2010a.

_____. *Diretrizes Nacionais para a oferta de Educação para Jovens e Adultos em situação de privação de liberdade.* Brasília: MEC/CNE, 2010.

_____. *Declaração de Evidência.* Anexo Marco de Ação de Belém. Brasília, 2010.

_____. *Resultados Censo 2010.* Brasília: Base Sidra/IBGE, 2012.

_____. *Diretrizes Curriculares para o Ensino Médio.* Brasília: MEC/CNE, 2012.

_____. *Diretrizes Nacionais para a Educação em Direitos Humanos.* Brasília: MEC/CNE, 2012.

_____. Decreto n. 6.861, de 27 de maio de 2009. Dispõe sobre a Educação Escolar Indígena, define sua organização em territórios etnoeducacionais e dá outras providências. Disponível em: ‹www.planalto.gov.br/ccivil_03/_Ato2007-2010/2009/Decreto/D6861.htm›. Acesso em: 18 jan. 2012.

_____. *Relatório da II Conferência Nacional de Direitos Humanos (1993).* Disponível em: ‹www2.camara.gov.br›. Acesso em: set. 2012.

_____. *Plano Nacional de Alfabetização (1964).* Disponível em: ‹www.tribunadaimprensa.com.br/?p=10364›. Acesso em: set. 2012.

Educação de jovens e adultos

BRASIL, IBGE. Pesquisa Nacional por Amostra de Domicílios - PNAD 2011. Banco de Dados/SIDRA, Brasília, 2012. Disponível em: <www.sidra.ibge.gov. br/pnad/default.asp>. Acesso em: 5 out. 2012.

BRITO, Bianca Maria Santana. *Novas tecnologias na educação de jovens e adultos*: quem usa a favor de quem e para quê? Artigo apresentado no Congresso de Leitura do Brasil. Unicamp, 2009. Disponível em: <http://alb.com.br/arquivo-morto/edicoes_anteriores>. Acesso em:

BUMBACHER, Aude V. *Entrevista a Revista Educação*. Disponível em: <http://www.revistaeducacao.uol.com.br>. Acesso em: 21 jan. 2012.

CANDAU, Vera M. *Educação em Direitos Humanos*: uma proposta de trabalho. Rio de Janeiro: Nova América/PUC, 1999.

CAPUCHO, Vera A. C. *Naus espanholas em terras brasileiras em tempos de ventos neoliberais*: a concepção globalizadora em educação e a formação para a cidadania. Dissertação (Mestrado) — PPGE/UFPE, Recife, 2008.

CARVALHO, José Sergio Fonseca. *Educação em Direitos Humanos*. Disponível em: http://www.revolucoes.org.br/v1/curso/jose-s-pinheiros/entrevista-com-jose-s-pinheiros>. Acesso em: 20 maio 2012.

CASTRO, Mary Garcia. *Marxismo, feminismos e feminismo marxista*: mais que um gênero em tempos neoliberais. *Revista Crítica Marxista*, Unicamp, n. 11, 2000.

CHAUI, Marilena. *Considerações sobre a democracia e alguns dos obstáculos à sua concretização*, 1989. Disponível em: http://www.somosmercosur.org>. Acesso em: 20 dez. 2007.

CHAVES GAMBOA, Márcia; TAFFAREL, Celi; GAMBOA, Silvio Sanchez. *Prática de ensino*: formação profissional e emancipação. 3. ed. Maceió: EDUFAL, 2011.

COMERLATO, Denise Maria. *Formação de Professores em EJA*. Disponível em: http://www.ufrgs.br/faced/pesquisa/niepe-eja>. Acesso em: 20 jan. 2012.

CUNHA, Alecsandra Santos da. *Literatura, poesia e as diversas linguagens da geografia*. In: ENCONTRO NACIONAL DE PRÁTICA DO ENSINO DE GEOGRAFIA, 10., Porto Alegre, 2009.

DECLARAÇÃO DE HAMBURGO SOBRE A EDUCAÇÃO DE JOVENS E ADULTOS. In: CONFERÊNCIA INTERNACIONAL SOBRE EDUCAÇÃO DE ADULTOS (CONFITEA), 5., Hamburgo, Alemanha, 1997.

DI PIERRO, M. C. Luta social e reconhecimento jurídico do Direito Humano dos jovens e adultos à educação. *Revista Educação* (UFSM), v. 33, n. 3, p. 395-410, set./dez. 2008. Disponível em: http://www.ufsm.br/revistaeducacao›. Acesso em: jan. 2012.

_____. A Educação de Jovens e Adultos no Plano Nacional de Educação: avaliação, desafios e perspectivas. *Revista Educação & Sociedade*, v. 31, n. 112, jul./set. 2010.

DECLARAÇÃO UNIVERSAL DOS DIREITOS HUMANOS. Assembleia Geral das Nações Unidas, 1948. Disponível em: http://www.brasil.gov.br/sobre/ cidadania/direitos-do-cidadao/declaracao-universal-dos-direitos-humanos›. Acesso em: maio 2012.

FARJADO, Sérgio. *Ensinando Geografia com poesia, aprendendo poesia pela geografia*: uma pequena discussão sobre o uso da poesia nas aulas de geografia, 2009. Disponível em: http://www.recantodasletras.com.br›. Acesso em: 25 jan. 2012.

FERRARO, Alceu Ravanello. *História inacabada do analfabetismo no Brasil*. São Paulo: Cortez, 2009.

FERREIRA, Luiz Olavo Fonseca. Que diretrizes devem nortear a formação inicial e continuada dos educadores de jovens e adultos? Perspectiva dos professores de jovens e adultos da educação básica. In: *Formação de educadores de jovens e adultos*. MACHADO, Maria Margarida (Org.). Brasília: Secad/ MEC/Unesco, 2008.

FREITAS, Luís Carlos de. *Crítica da organização do trabalho pedagógico e da didática*. Campinas: Papirus, 2005.

GALVÃO, Ana Maira; DI PIERRO, Maria Clara. *Preconceito contra o analfabeto*. São Paulo: Cortez, 2007.

GARRIDO, José Luis Garcia. Derechos humanos: base de la convivencia y de la educación cívica. In: VERGARA, Javier (Coord.). *Formación para la Ciudadanía. Un reto de la sociedad educadora*. Barcelona: Ariel Educación, 2008.

GARUTTI, Selson. Discutindo as Diretrizes Nacionais para a Educação de Jovens e Adultos. *Cadernos de Pesquisa*, ago. 2010.

GENEVOIS, Margarida Pedreira Bulhões. Educação e Direitos Humanos. In: _____; PIRES, Cecília Pinto; KELL, Ivete; ALBUQUERQUE, Paulo; VIOLA,

Sólon (Orgs.). *Direitos humanos, pobreza e exclusão*. São Leopoldo: Adunisinos, 2000.

HADDAD, Sérgio; DI PIERRO, Maria Clara. Escolarização de jovens e adultos. *Revista Brasileira de Educação*, n. 14, maio/jun./jul./ago. 2000. Disponível em: ‹http://www.anped.org.br/rbe/rbedigital/›. Acesso em: 15 mar. 2012.

HELLER, Agnes. *O cotidiano e a história*. São Paulo: Paz e Terra, 2004.

HOBSBAWM, Eric. *Globalização, democracia e terrorismo*. São Paulo: Companhia das Letras, 2007.

HUMMERT, Sônia Maria. Educação de jovens e adultos trabalhadores no Brasil atual do simulacro à emancipação. *Revista Perspectiva*, Florianópolis, v. 26, n. 1, p. 175-208, jan./jul. 2008. Disponível em: ‹http:// www.perspectiva.ufsc.br/perspectiva_2008_01/SoniaMaria.pdf›. Acesso em: 15 mar. 2012.

IANNI, Octavio. O cidadão do mundo. In: *Capitalismo, trabalho e educação*. Campinas: Autores Associados, 2005.

JINKINGS, Daniella. *Vannuchi quer direitos humanos como disciplina no currículo escolar*, 2010. Disponível em: ‹http://www.redebrasilatual.com.br/temas/cidadania/2010/11/vannuchi-quer-direitos-humanos-como-disciplina-no-curriculo-escolar-1›. Acesso em: 10 fev. 2012.

KOSIK, K. *Dialética do concreto*. 2. ed. Rio de Janeiro: Paz e Terra, 2002.

KRÚPSKAYA, Nadezhda K. *La educación laboral e la enseñanza*. Moscú: Editorial Progreso, 1986.

KUENZER, Acácia Zeneida. Desafios teórico-metodológicos da relação trabalho-educação e o papel social da escola. In: *Educação e crise do trabalho*. Rio de Janeiro: Vozes, 1998.

LE GOFF, Jacques. "Memória". In: *História e memória*. Campinas: Ed. Unicamp, 1994.

LIBÂNEO, José Carlos. Pedagogia e pedagogos: inquietações e buscas. *Revista Educar*, Curitiba, n. 17, p. 153-176. 2001.

MACHADO, João Luís de Almeida. *Na sala de aula com a sétima*. Arte Aprendendo com o Cinema. São Paulo: Intersubjetiva, 2008.

MACHADO, Lourdes M. *Texto apresentado na Mesa Redonda "A LDB em Debate"*, em 25 de julho de 1997, por ocasião do Simpósio Multidisciplinar

Internacional; O pensamento de Milton Santos e a construção da cidadania em tempos de globalização, realizado em Bauru-SP. Disponível em: ‹http://www.acervodigital.unesp.br›. Acesso em: 18 jun. 2012.

MACHADO, Maria (Org.). *Formação de Educadores de Jovens e Adultos*. Brasília, MEC/SECAD/UNESCO, 2008.

MARINHO, Genilson C. *Os parâmetros curriculares nacionais no contexto das reformas neoliberais*: o caso da geografia. Dissertação (Mestrado) — Centro de Educação, UFPE, 2003.

MARSIGLIA, Ana Carolina Galvão. *A prática Pedagógica histórico crítica na educação infantil e ensino fundamental*. Campinas: Autores Associados, 2011.

MARX, Karl. *Burguesia e a contra-revolução*. Trad. de J. Chasin, M. Dolores Prades, Márcia Valéria Martinez de Aguiar. São Paulo: Ensaio, 1987.

MARX, Karl. *O capital*: crítica à economia política. Livro I. 16. ed. Rio de Janeiro: Civilização Brasileira, 1998.

MOREIRA, Ildeu de Castro. Poesia na sala de aula de ciências? A literatura poética e possíveis usos didáticos. *Revista Física na Escola*, v. 3, n. 1, 2002.

MOURA, Tania Maria de Melo. DOSSIÊ TEMÁTICO — Educação de pessoas jovens, adultas e idosas. *Práxis Educacional*, Vitória da Conquista, v. 5, n. 7, p. 45-72, jul./dez. 2009.

NOSELLA, Paolo. Compromisso político e competência técnica: 20 anos depois. *Revista Educação e Sociedade*. Campinas, v. 26, n. 90, jan./abr. 2005.

OLIVEIRA, Edna Castro de. Sujeitos-professores da EJA: visões de si mesmos em diferentes contextos e práticas. In: *TV Escola, Salto para o Futuro. Educação de Jovens e Adultos*: continuar... e aprender por toda a vida. Boletim, 20 a 29 set. 2004. Disponível em: ‹http://www.tvebrasil.com.br/salto/boletins2004/eja/index.htm›. Acesso em: 15 fev. 2012.

OLIVEIRA, Inês Barbosa de. Reflexões acerca da organização curricular e das práticas pedagógicas na EJA. *Revista Educar*, Curitiba, n. 29, p. 93-100, 2007. Disponível em: ‹http://www.scielo.br/pdf/er/n29/07.pdf›. Acesso em: 15 fev. 2012.

ONU. *Programa Mundial de Educação em Direitos Humanos*, 2004.

PAIVA, Jane. *Direito à Educação de Jovens e Adultos*: concepções e sentidos. In: REUNIÃO DA ANPED, 29., GT 18, 2006.

Educação de jovens e adultos

PIER BLONSKY. *Método dos complexos*. Disponível em: ‹www.educabrasil. com.br/eb/dic/dicionario.asp?id=427›. Acesso em: set. 2012.

PISTRAK, Moisey M. (Org.). *A escola-comuna*. São Paulo: Expressão Popular, 2009.

PRETTO, Nelson de Luca. Cultura digital e educação: redes já! In: *Além das redes de colaboração*: internet, diversidade cultural e tecnologias do poder. Salvador: Edufba, 2008.

SADER, Emir. Contexto histórico e educação em direitos humanos no Brasil: da ditadura à atualidade. In: SILVEIRA, Godoy et al. *Educação em direitos humanos*: fundamentos teórico-metodológicos. João Pessoa: Editora Universitária, 2007. p. 75-83.

SANT'ANNA, Alayde Avelar Freire. Direito de ser diferente: processos de singularização com uma aposta da vida contra a exclusão. In: *Educando para os Direitos Humanos*. Brasília: UnB, 2003.

SANTOS, Milton. *O professor como intelectual na sociedade contemporânea*. In: ENCONTRO NACIONAL DE DIDÁTICA E PRÁTICA DE ENSINO, 9., Lindóia, 1998.

_____. *Ser negro no Brasil hoje*: ética enviesada da sociedade branca desvia enfrentamento do problema negro. Milton Santos, *Folha de S.Paulo*, 2000.

_____. *O espaço do cidadão*. 7. ed. São Paulo: Ed. USP, 2007.

SANTOMÉ, Jurjo Torres. *Globalização e interdisciplinaridade*: o currículo integrado. Trad. de Cláudia Schelling. Porto Alegre: Artes Médicas, 1998.

SAVIANI, Demerval. *O legado educacional do século XX no Brasil*. Campinas: Autores Associados, 2004.

_____. *Escola e democracia*: teorias da educação, curvatura da vara, onze teses sobre a educação política. 39. ed. Campinas: Autores Associados, 2007.

SEGNINI, Liliana R. P. Educação e Trabalho: uma relação tão necessária quanto insuficiente. *São Paulo em Perspectiva*, v. 14, n. 2, abr./jun. 2000.

SILVA, Aida Maria Monteiro. *Escola Pública e a Construção da Cidadania*: possibilidade e limites. Tese (Doutorado) — Faculdade de Educação da USP, São Paulo, 2000.

SILVA, Aida Maria Monteiro. Direitos Humanos na Educação Básica: qual o significado. In: *Política e fundamentos da Educação em Direitos Humanos*. São Paulo: Cortez, 2010.

SOARES, Leôncio. Avanços e Desafios na Formação do Educador de Jovens e Adultos. In: MACHADO, Maria Margarida (Org.). *Formação de Educadores de Jovens e Adultos*. 1. ed. Brasília: Secad/MEC/Unesco, 2008.

SOUZA, Amaralina Miranda; RODRIGUES, Fátima Lucília Vidal Rodrigues. *Educação Inclusiva*: um desafio para a educação de jovens e adultos. Pedagogia educação Inclusiva, Módulo III. Brasília: Universidade de Brasília, 2007.

TAFFAREL, Celi Zulke; COLAVOLPE, Carlos Roberto. *Sistema de complexo temático*: uma contribuição para o debate de reestruturação curricular do Curso de Educação Física da UFBA. Disponível em: ‹http://www.faced.ufba.br/rascunho_digital/›. Acesso em: 18 mar. 2012.

TRINDADE, Antônio Augusto Cançado. *A proteção internacional (1948/1997), as primeiras cinco décadas*. 2. ed. Brasília: Editora Universidade de Brasília, 2000.

TONET, Ivo. Cidadania ou Emancipação Humana. *Revista Espaço Acadêmico*, n. 44, jan. 2005. Disponível em: ‹http://www.espacoacademico.com.br/044/44ctonet.htm›. Acesso em: 18 mar. 2012.

TURA, Maria de Lourdes Rangel. *O olhar que não quer ver*. Rio de Janeiro: Vozes, 2000.

UNESCO. Declaração e Programa de Ação de Viena (1993). Disponível em: ‹pfdc.pgr.mpf.gov.br/.../direitos-humanos›. Acesso em: ago. 2012.

Cromosete
Gráfica e editora ltda.
Impressão e acabamento
Rua Uhland, 307
Vila Ema-Cep 03283-000
São Paulo - SP
Tel/Fax: 011 2154-1176
adm@cromosete.com.br